Library

はこれからどうなるのか

平凡社ライブラリー

Heibonsha Library

会社はこれからどうなるのか

岩井克人

平凡社

本書は二〇〇三年に平凡社から刊行された『会社はこれからどうなるのか』を底本としました。

目次

平凡社ライブラリー版へのまえがき

一九八〇年代は日本経済の時代でした。「ジャパン・アズ・ナンバー・ワン」とはやしたてられ、日本型の会社こそ世界の模範となるべきだとまで言われていたのです。だが、バブルの崩壊とともに事態は暗転し、日本経済は「失われた一〇年」に入ってしまいます。世界の模範から世界の反面教師に転落した日本経済と対照的に、一九九〇年代はアメリカ経済の時代でした。グローバル化の波の中、アメリカ経済はＩＴ革命と金融革命の推進によって未曾有の急成長をとげ、アメリカ型の会社が旗印にした「株主主権論」は、世界のすべての資本主義がそれに向かって収束していくべき「グローバル標準」としての地位を確立したように見えていました。

本書の単行本が出版されたのは、二〇〇三年の二月、日本経済がようやく「失われた一〇年」から抜け出したときです。すでに二〇〇一年には、ＩＴ産業が先導する「ニュー・

エコノミー」の到来に熱狂していたアメリカの株式市場が暴落し、「ITブーム」がいつの間にか「ITバブル」と呼び換えられるようになっていました。同じ二〇〇一年三月には、株主主権論的なコーポレート・ガバナンスの一大成功例とされていたエネルギー商社エンロンが、大規模な粉飾決算の発覚によって倒産し、アメリカ型の会社に対する信頼が大きく揺らぎ始めていました。だが、「失われた一〇年」の記憶がまだ生々しい日本経済の中で、日本の会社で働いている多くのサラリーマンやサラリーウーマン、そしてこれから日本の会社で働こうと思っている多くの学生は、当然のことながら、日本の会社はこれからどうなるのかと、大いなる不安を感じ続けていたのです。本書において私は、そのような不安をすこしでも軽くするために、アメリカ型の株主主権論は、これからの会社のあり方のグローバル標準にはかならずしもなりえないということを、理論と歴史の両面から論証してみたのです。

そもそも、会社は株主のモノでしかないという株主主権論は、会社と企業とを混同した、法理論上の誤りなのです。会社とは、たんなる企業ではなく、「法人」化された企業であるという事実から出発し、私は、会社組織それ自体の成長と存続を重視する日本型の会社のあり方は、会社法の枠組みからの逸脱ではないことを示すことになりました。それは、これまでの経済学や法学において唯一普遍の会社のあり方と見なされてきた株主利益を最優先するアメリカ型の会社と同列に並べることのできる、もう一つの普遍であるのです。

さらに私は、二十一世紀の資本主義においては、多くの人の実感とは逆に、おカネの支配力が大きく弱まっていくことになると論じました。いますべての先進資本主義国が経験しつつある産業資本主義からポスト産業資本主義への構造変化とは、利潤の源泉が、おカネで買える機械制工場から、おカネでは買えない人間の頭の中の知識や能力へと急速に転換しつつあることを意味しているからです。それは、いうまでもなく、会社の中で、究極的なおカネの提供者である株主の地位の相対的な低下をもたらすことになるはずです。

二〇〇九年八月一二日、この「文庫版のためのまえがき」を書いている今、世界は「一〇〇年に一度」のグローバル経済危機のただ中にあります。アメリカの住宅市場におけるサブ・プライム・ローン問題に端を発した金融市場におけるバブル崩壊は、金融取引のグローバル化を通してまたたく間に全世界に広がり、とりわけ二〇〇八年九月一五日の大手証券会社リーマン・ブラザーズの破綻をきっかけとして、世界経済全体が過去最大規模の信用収縮に見舞われることになりました。この信用収縮によって、アメリカの実体経済も急激な収縮を始め、財サービス貿易のグローバル化を通して、世界全体が一九三〇年代の大恐慌以来最大の危機に見舞われることになったのです。（ただ、今回の危機に対しては、政府・中央銀行による機動的な財政出動と金融緩和、さらには各国間の政策協調の必要性が強く認識されており、三〇年代ほどの悲惨な状況は避けられる公算は高いはずです。）

この危機が、まさにアメリカ経済を震源地としたこと、しかもその発端が株主利益の最大化を唯一の行動原理としてきたアメリカの金融市場におけるバブルとその崩壊によるものであったことは、ＩＴバブルの崩壊やエンロン事件によってすでに大きく揺らいでいたアメリカ型の会社のあり方に対する信頼を、根底からつき崩すものとなりました。会社は株主のモノでしかないという株主主権論が理論的な矛盾をはらんでいるという本書の基本命題が、はからずも現実によって実証されてしまったのです。さらに、今回の危機をもたらした住宅市場や金融市場におけるバブルの背後には、全世界的なカネ余り現象（流動性過剰）があったことを、多くの人が指摘しています。それもまさに、ポスト産業資本主義においてはおカネの支配力が相対的に弱まっていくという、本書のもう一つの基本命題の現実化にほかなりません。このグローバル経済危機は、株主主権論的な会社のあり方の凋落をもたらすポスト産業資本主義という舞台の、まさに劇的な幕開けといえるでしょう。

では、このことは、八〇年代に一世を風靡した日本型の会社がそのまま復活していくことを意味するのでしょうか？

この問いに対する私の答えは、一見すると矛盾しています。それは、日本の会社は、「変わらなくてもよい」が「変わらなければならない」というものです。

変わらなくてもよい——なぜならば、これまでの歴史の中で株主主権論から距離を置いてきた日本の多くの会社は、経済学における主流派の見解とは逆に、ポスト産業資本主義という新たな時代と親和性をもっているからです。

変わらなければならない——なぜならば、ポスト産業資本主義時代における会社の命運を握るのは、かつての産業資本主義時代のように機械制工場の脇役としての人的組織の設計ではなく、その中で従業員や技術者や経営者がみずから率先して新たな製品や技術や市場を開拓し続けていくことのできる、主役としての人的組織の育成であるからです。

もちろん、いずれの答えも、舌足らずであるのは承知しています。この二つの答えが、なぜかならずしも矛盾しないのか、そして、それぞれがどのような根拠にもとづいて発せられたのかを理解していただくためには、多少の時間をかけて、本書をひもといてもらうより他はありません。

ところで、二〇〇三年に単行本として出版された本書には、その当時の時代状況が刻み込まれています。「なぜいま、日本の会社はリストラをするのか」と題された第一章は、とりわけそうだと思います。だが、今回、平凡社ライブラリー版を出版するにあたっては、その後に改正され制定された法律に関する文章以外は、あえて改訂することはしませんでした。それは、多くの社会科学の本がそうであるように、本書も、時代によって提起された問題に答えようとして書かれたものであるからです。問題が変われば、答えも変わります。いや、少なくとも、答え方が変わってしまいます。なぜこのような本が書かれなければならなかったのかを知っていただくためにも、書かれた時の時代状況をなるべく忠実に残しておこうと思ったのです。

あえて改訂しなかったことには、さらに本質的な理由があります。本書は基本的には「理論書」であるからです。といっても、数式をずらずらと並べているという意味ではありません。数式など一本も出てきません。それは、時々刻々と変化する現実の経済現象からも、ある時は日本型が「ナンバー・ワン」、別の時はアメリカ型が「グローバル標準」というように一〇年単位で振り子のごとく揺れ動くメディアや学界の風潮からも一歩離れた視点から、それらの現象や風潮の背後にある基本原理を取り出し、その内容をできる限り統一的に提示しようとした本であるという意味です。私は、この基本原理に関して、立場をまったく変えていません。いや、私にも驚くべきことに、現在進行形のグローバル経済危機をはじめとして、単行本が出版されてから次々と起こる経済事件は、まさに本書で提示した基本原理をそのまま実証しているように見えます。現実のほうがますます理論に近づいてきていると言ってもいいでしょう。そのことをいわば追体験していただくためにも、本書はそれが単行本として出版された時の形をそのまま残しておくことに意味があると思っているのです。

二〇〇九年八月一二日

岩井克人

はじめに

　いま、日本経済は、かつてないほどの低迷状態におちいっています。二〇世紀最後の一〇年間は、すでに「失われた一〇年」となってしまいました。そして、二一世紀という新しい世紀に入ってからも、いっこうに回復の兆《きざ》しは見えてこず、かつて一九七〇年代の終わりから八〇年代にかけて、「ジャパン・アズ・ナンバー・ワン」などと言われて、日本全体が有頂天になっていたことが、嘘のようです。

　このような低迷状態のなかで、日本の会社は、こぞって「リストラ」をおこなっています。もちろん、逆境をバネにして、急速な成長をとげている会社も数多くあります。だが、それよりもはるかに多くの日本の会社が、深刻な業績の不振に苦しみ、これまで聖域とされてきた終身雇用制にも手をつけはじめているのです。つい先日も、電車の吊広告で、「忍び寄るリストラ」という雑誌の特集記事が大きく宣伝されているのを、目にしました。

リストラの対象が、もはや中高年のサラリーマンだけでなく、二〇代、三〇代の若年サラリーマンにまで拡がってきているという内容の記事です。

いま、多くのサラリーマンやサラリーウーマンが、自分たちが現在働いている会社がこれからどうなるのか、そして、これから社会に出ていく多くの学生が、自分たちが将来働くことになる会社がこれからどうなるのか、大いなる不安をいだいているはずです。

いうまでもなく、現在の日本経済の低迷は、マクロ的な需要不足によってもたらされています。そして、このような需要不足の直接的なきっかけは、地価や株価のバブルの崩壊です。バブル時代に熱狂的な投機に走った家計や企業の巨額の借金の大きな割合が返済の困難な不良債権となってしまい、その重荷によって、消費需要も投資需要も大きく冷え込んでしまったのです。それに、政策当局の失敗が、事態を悪化させました。政府も中央銀行も、財政政策や金融政策を機動的に発動させる機会を、ことごとくミスしてきたのです。政策当局の統治能力にたいする不信感が、消費や投資をさらに冷やしてしまうことになったのです。

しかしながら、もし現在の日本経済の低迷がすべて、バブルの崩壊の後遺症や政策当局の失敗という短期的な要因によるものだけであるならば、ひとびとの不安はこれほどまでに強いものにはならなかったでしょう。実体経済の好況が地価や株価のバブルを引き起こし、地価や株価のバブルの崩壊が実体経済を不況におとしいれる——それは、じつは、過去に幾度となくくりかえされてきた、景気循環の通常の姿でしかありません。たしかに、一九八〇年代の日本経済のバブルの大きさは、世界の驚きの的《まと》でした。だが、資本主義の歴史をたどれば、それに匹敵する大きさをもったバブルは何度も何度も起こってきました。たしかに、一九九〇年代の政府や日銀の混乱ぶりは(そしてわたしたち経済学者の混迷ぶりも)、世界の笑いものでありました。だが、資本主義の歴史をたどれば、それに匹敵する無能さをもった政策当局(そして、それに匹敵する無力さをもった学者集団)は数多くありました。景気は循環します。いくら日本であっても、いつかは不良債権が処理され、経済はふたたび不況から脱出するだけの有効需要を生み出すことができるようになるでしょう。ただし、それがいつになるかは、いまのところ神のみぞ知るところです。

いま多くのひとびとが言い知れぬ不安に駆られているのは、現在の日本経済の低迷状態が、たんなる景気循環の一局面には還元できない、はるかに長期的な潮流の変化の結果であることを、感じとっているからにちがいありません。

それは、資本主義の「グローバル化」であり、さらに、そのグローバル化とともに日本に押し寄せてきている「IT革命」と「金融革命」です。

しかも、この「グローバル化」という波があのアメリカを発進地としていることが、ひとびとの不安をさらに根源的なものにしています。

一九八〇年代には、「会社は誰のものか」という問いかけが、日本でも海外でも、学会でもマスメディアでも、盛んにおこなわれていました。一つには、日本的な会社システムの「成功」に触発され、一つには、会社の社会的責任を問う市民運動の高まりに影響され、会社とは株主のものでしかないとするアメリカ的な「株主主権」論と、会社とは(少なくとも一部は)従業員のものでもあるという日本的な「会社共同体」論とのあいだで、大論争があったのです。

この論争は、一九九〇年代に入って一時、死に絶えたように見えました。「失われた一〇年」を過ごしている日本経済を尻目に、IT革命と金融革命とを世界に先がけて推し進めることに成功したアメリカ経済が、一〇年以上も続く未曾有の好景気を謳歌《おうか》したのです。会社は株主のものでしかないという、アメリカ的な株主主権論の優位性を疑うことは、もはや不可能になったかのようでした。かつて日本的経営の素晴らしさを誇らしげに説いていた多くの経済学者やマスメディアが、いつのまにやら、アメリカ型の株主主権論の大勝利を熱っぽく説いてまわっていたのです。

アメリカを発信地とするグローバル化の巨大な波のなかで、アメリカ型の株主主権論は、まさに「グローバル標準」としての地位を確立しつつあるようにみえました。従業員の利害を重視する日本型の資本主義、日本型の会社システムは、もはやこの世から消えてしまう運命にあるというわけです。日本の会社で働いている多くのサラリーマンやサラリーウーマン、そして日本の会社で働こうと考えている多くの学生が、強い不安をいだいたのは、当然といえば当然でした。

だがわたしは、「会社はこれからどうなるのか」と題したこの本のなかで、会社を株主のものとみなす株主主権論は、決してグローバル標準にはなりえないということを、主張したいと思っているのです。

ただし、それは、古き良き日本的な経営への郷愁からではありません。いや、それどころか、わたしはこの本のなかで、従来の日本型の会社システムが、グローバル化やＩＴ革命や金融革命とミスマッチをおこしていることを、くりかえし指摘していくつもりです。現在おこなわれている「リストラ」の少なくとも一部は、まさにこのようなミスマッチによって引き起こされていることは、疑いようもない事実なのです。

それにもかかわらず、わたしはここで、アメリカ型の株主主権論は、これからの会社のあり方のグローバル標準とはなりえないということを示してみるつもりなのです。その根拠は、二つあります。

第一には、会社は株主のものでしかないと主張する株主主権論が、法理論上の誤りでしかないということです。

この本の前半では、まず、そもそも「会社とは何であるのか」を、わたし自身の最近の研究にもとづいて、できるだけわかりやすく解説してみるつもりです。会社法のすべてを網羅するつもりはありませんが、前半部分は、「会社法早わかり」という色彩をもつことになるはずです。

わたしはまず、スーパーマーケット・チェーンのような株式会社は、まさに「法人」であることによって、街角の八百屋さんのような古典的企業とは本質的に異なった法律的な構造をもっていることを示してみたいと思っています。その上で、株式会社という制度のなかに、たんに株主主権的な会社だけでなく、会社共同体的な会社も、さらにはもっと別の形の会社をも可能にしてしまう、複雑な仕掛けが仕込まれていることを明らかにするつもりです。すくなくとも法律の上では、アメリカ型の会社、日本型の会社、さらにはもっと別な型の会社のうちのどれが標準的な会社の形であるかを、先験的《せんけんてき》に決めることはできないのです。それと同時にわたしは、現代の資本主義のなかで多くのひとびとに職場を提供している会社とは、ほんとうは摩訶不思議《まかふしぎ》としか言いようのない存在であることを、その多くのひとびとに知ってもらえればと願っています。

二〇〇一年の一二月に、アメリカでエンロンという会社が倒産しました。エンロンとは、アメリカ型のコーポレート・ガバナンス（会社統治機構）の模範ケースとまでいわれていた大手のエネルギー商社でした。それが、経営者による大規模な粉飾決算が発覚したことによって倒産したのです。しかも、経営者は不正が公になる寸前まで従業員には各自の年金を自社株のオプションで運用するように勧めていながら、自分たちの自社株オプションのほうは倒産寸前に売り逃げていたということも発覚しました。その後、エンロン以外にも次々と有名会社の粉飾決算が発覚し、グローバル標準の地位を確立しつつあったアメリカ型の会社システムへの信頼が一挙に失墜《しっつい》しました。アメリカの株式市場は動揺し、一〇年以上続いたアメリカ経済の高度成長もとうとう頓挫《とんざ》してしまうことになりました。

このエンロン事件こそ、アメリカ型のコーポレート・ガバナンスが、誤った会社理論にもとづく本質的に矛盾した制度であることの必然的な帰結であったのです。

だが、このエンロン事件にもかかわらず、いまだに多くの経済学者や政策担当者やマスメディアは、長期的にはやはり株主主権的な会社が主流になるのではないかと考えていることもたしかです。たとえ会社制度が理論的には株主主権的な会社も共同体的な会社も可能にする構造をもっていたとしても、現実的には、これまでIT革命や金融革命やグローバル化を引っ張ってきたアメリカ型の会社こそ、二一世紀の資本主義にもっとも適合した会社の形態であるのではないか、というわけです。

アメリカ型の株主主権論がこれからの会社のあり方のグローバル標準とはなりえない、とわたしが言うことの第二の根拠は、まさにその二一世紀の資本主義において、おカネ（資金）の重要性がますます失われていくということにあります。株主とは、会社にたいする究極的なおカネ（資金）の供給者ですが、このおカネの供給者の力がこれからの会社のなかのバランス・オブ・パワーにおいて、ますます軽くなっていくはずであると論じようと思っているのです。その意味で、未来に向けて繁栄《はんえい》していく会社の姿は、かならずしも株主主権的な会社ではないはずであるのです。

おカネが重要でなくなる？――たしかに、この言葉はひどく逆説的に響くでしょう。常識的には、資本主義のグローバル化とは、おカネによる支配が全世界的な規模にまで拡大したことと見なされているからです。じじつ、一九九七年の夏にタイで勃発《ぼっぱつ》し、またたくまに全世界に波及《はきゅう》したあのアジア通貨・金融危機は、おカネが世界中を自由に動き回るようになったことによって、引き起こされました。

だが、このようにおカネが世界中を自由に動き回るようになったのは、おカネの支配力が増したからではありません。それは、逆に、おカネの重要性が減ってきたことの結果なのだということを、わたしは言うつもりです。おカネの支配力が弱まってきたからこそ、おカネはすこしでも有利な投資先を求めて世界中を動き回らざるをえなくなったのです。

そのことを説明するために、この本の後半では、「資本主義」について解説をあたえてみようと思います。そのなかで、いま日本でも世界でも、多数の人間を巻き込みながら進行しているグローバル化、IT革命、そして金融革命は、いずれも、先進諸国の資本主義が産業資本主義からポスト産業資本主義へと転換していく大きな歴史の流れの三つの側面にすぎないということを、指摘したいと思います。そして、資本主義の究極の形態と見なしうるポスト産業資本主義において、なぜおカネの重要性が失われていくことになるのかを、できるだけ簡潔に論じてみるつもりです。

それでは、来るべきポスト産業資本主義のなかで、いったい「会社はどうなるのでしょうか？」

この問いにたいして、この本は出来合いの答えを用意しているわけではありません。また、そのような出来合いの答えがあるはずもありません。現実の会社は千差万別です。そして、じつは、これからのポスト産業資本主義の時代においては、それぞれの会社はこれまで以上に千差万別にならなければ生きていけなくなるはずなのです。この本の終わりのほうで、まさにそのような観点から、ポスト産業資本主義における会社のあり方やそのなかでの働き方について、わたしなりの考えをいくつか述べてみたいと思っています。

わたし自身、一度も会社で働いたことがない純粋培養の学者です。そのようなわたしにできる唯一のことは、現実とはすこし離れた位置から、物事を構造的・長期的に眺めてみることです。この本によって、現実に日本の会社で働いているひとびとやこれから日本の会社で働こうと思っているひとびとの不安が、どれだけ解消されるようになるかはわかりません。だが、不安はつねに未知から生まれます。この本が、未来の会社のあり方を思考していくための一つの手がかりとなってくれるならば、幸いです。

第一章　なぜいま、日本の会社はリストラをするのか

「リストラ」と「クビ切り」

「リストラ」という言葉は、日本では、「クビ切り」という意味で使われています。だが、それは、「リストラクチャリング」という言葉の省略です。そして、そのリストラクチャリングという言葉は、英語で書くとRESTRUCTURING、会社を再（RE）構築（STRUCTURE）するという意味しかもちません。すなわち、困難に直面している会社の組織を大幅に改造し、ふたたび利益を上げられるように変身させるという意味なのです。ただ、それは多くの場合、会社のなかの不採算部門を縮小したり閉鎖したりすることになり、結果として、一部の従業員のクビを切ることになってしまうわけです。

どの国においても、よほどサディスティックな性格の経営者でないかぎり、従業員のクビ切りは、イヤなものです。とりわけ、終身雇用制を標榜《ひょうぼう》してきた日本の会社においては、

「クビ切り」という言葉は、これまでまさにタブーでした。日本は言霊《ことだま》の国です。日本の経営者は、どうしても人員を削減しなければならないときには、「リストラ」という多少なりとも前向きの響きをもつ言葉を、クビ切りという言葉の代用とすることを思いついたのです。そして、いまでは、リストラの対象になったといえば、理由を問わず、会社から退職を迫られたということを意味するようになってしまっているわけです。

では、なぜ日本ではいま、「リストラ」という言葉が、これほどまでにひとびとの口《くち》の端《は》にのぼるようになったのでしょうか?

もちろん、この問いにたいする第一の答えは、日本経済がかつてない停滞のなかにいるということです。

日本経済の「失われた一〇+α年」

いま日本経済は、目を覆うような低迷状態におちいっています。一九八〇年代には「ジャパン・アズ・ナンバー・ワン」などと言われて、日本全体が有頂天になっていたことが、嘘のようです。八〇年代の後半には、不動産市場と株式市場が「バブル」状態になり、地価と株価が熱狂的に上がりました。日本の地価総額はアメリカの地価総額の三倍、日本の株価総額はアメリカの株価総額に匹敵する水準まで膨らみました。日本はアメリカを三つほど買えるなどと豪語《ごうご》する、馬鹿な日本人が多数登場しました。一九八九年という年は、まさに有頂天であった日本経済がその頂点をきわめた年でした。

だが、バブルはじきに崩壊します。一九九〇年に入ると、株価がとつぜん下落しはじめたのです。すこし遅れて、地価も下落しはじめました。そして、それに追い打ちをかけるように、三月に旧大蔵省（現 財務省）が不動産向けの貸し出しの伸びを総貸し出しの増勢《ぞうせい》以下に抑えるという、いわゆる総量規制の通達を出しました。また、八七年から八八年にかけて公定歩合を五回も下げてバブルを刺激してしまった日銀は、八九年から九〇年にかけて、今度は五回も公定歩合を引き上げてしまいました。どちらも、バブルの崩壊を人為的に早めてしまい、まさに奈落の底に落ちるように、日本の株価と地価は急降下してしまったのです。

バブルがはじけてからの一〇年間は、アメリカ経済が年平均五％で成長したのにたいして、日本経済の成長率は年平均一％でしかなく、その後も低迷が続いています。一九五〇年から一九九〇年までは、アメリカ経済の平均成長率は三％であったのにたいして日本は六％。一九六〇年代の高度成長期においては一〇％を超す成長率を記録していたのに、事態は様変わりです。まさに九〇年代以降、日米の成長率が逆転してしまったのです。そして、このような長期的停滞のなかで多くの人が職を失いはじめ、二〇〇一年一二月には日本の完全失業率は戦後最悪の五・六％という水準に達し、その後も高止《たかど》まりを続けています。一九七〇年から九〇年にかけての平均失業率は、約二％でしたから、五・六％という数字は、日本経済にとって天文学的数字です。

まさに一九九〇年代は、日本経済にとっての「失われた一〇年」でした。それだけではなく、二〇〇〇年に入ってから、アメリカの株式市場においてもバブルがはじけ、とりわけ二〇〇一年末のエンロン事件以降景気の失速を経験しはじめたアメリカ経済の影響を受け、日本経済は二〇〇〇年代においてもしばらく「失われ」続けてしまうことが確実となってしまいました。

バブルの崩壊と景気の低迷

日本経済のこの低迷の直接の原因は、いうまでもなく、バブルの崩壊です。

土地の価格と株式価格が暴落し、ひとびとが保有している資産の価値が大幅に下がってしまいました。それによって、それまで飛ぶように売れていた高級品が、さっぱり売れなくなり、消費需要が停滞しはじめたのです。

それだけではありません。バブルとは、投機による土地や株式の価格の熱狂的な上昇のことです。バブルの時代には、土地を買う個人や会社の多くは、なにも自分でその土地を利用しようと思って買ったわけではない。その土地を、買った価格よりも高い価格で、ほかの個人やほかの会社に売りとばすつもりで買ったのです。だれもがさらに価格が上がると思っているから、だれもが買ってくれる。そうすると、実際に価格が上がって、もっと価格が上がるだろうという期待をさらにあおり立てたのです。

だが、バブルはまさに「バブル（泡）」ですから、かならずはじけます。土地の価格は上がらないという予想を多くの個人や会社がもちはじめると、もはやだれも値上がりを目的に土地を買おうとはしなくなる。だれも買ってはくれないから、実際に価格が下がり、価格が下がるだろうという予想をさらに強めてしまうことになる。高値で土地をつかんでしまった個人や会社は、もはやそれを売りとばすことができなくなってしまいました。

しかも、バブルの最中においては、銀行が投機をあおるようにしてお金を貸してくれましたから、多くの個人や会社は多額の借金をして土地を買っていました。そもそも自分で利用することなど考えなくて買った土地ですから、うまく利益を出してくれるような使い道を自分では考えつきません。まさに土地が「塩漬け」されてしまったのです。もちろん、そのような土地を買うために銀行から借りたお金は、元本《がんぽん》はもとより利子さえ返せなくなる。貸し出した銀行の側から見れば、その借金は「不良債権」となってしまうのです。

いうまでもなく、塩漬けされた土地をかかえ、借金が返せなくなった個人や会社は、消費や投資を大きく削らざるをえなくなる。最悪の場合は、個人は破産、会社は倒産です。

それに加えて、貸し付けていた資金が大量に不良債権となってしまった銀行は、資金が回収できず、当然のことながら、新たに資金を貸し付ける余裕を失ってしまう。そうすると、短期の資金繰りに困っている会社が銀行に借金を申し込んでも、借金を断られてしまい、倒産するよりほかはなくなってしまう。また、本当に有望な長期的事業を計画している会社が資金の借り入れを申し込んでも、銀行はすこしでもリスクがあると、なかなかうんと言ってくれない。いわゆる「貸し渋り」現象がおこってしまうのです。その結果、投資需要がさらに大きく冷え込んでしまうのです。

日本経済は、このような消費需要と投資需要の急激な減退によって、まさに泥沼にはまるように、不況におちいってしまったのです。

不幸なことに、これに、政策の失敗が追い打ちをかけてしまいました。たとえば、一九九六年一二月に政府は、住宅金融専門会社——いわゆる住専《じゅうせん》——の不良債権を処理する際に、不透明な形で公的資金の注入をおこない、世論の激しい批判を浴びてしまいました。それはその後、日本の金融システムの中核をなしている銀行の不良債権の処理にたいして、必要な公的資金の投入をためらわせることになり、不良債権問題をずるずると悪化させることになってしまったのです。

また九七年四月には、第二次橋本内閣は財政再建の旗の下に消費税率の引き上げをはじめとする急激な財政引き締めをおこない、せっかく立ち上がりつつあった景気の腰を折ってしまいました。その結果もあって、九七年の秋から九八年の冬にかけて、三洋証券、北海道拓殖銀行、山一證券、日本長期信用銀行が次々と倒産したのです。それ以降、政府は、不況の結果でもある財源難を理由にして、財政面からの有効な景気対策を打てずに終わっているのです。

金融政策のほうも、たしかに一九九一年以降ふたたび公定歩合を引き下げるようになりましたが、つねに後手後手にまわってしまいました。それは、ひとつには、生産性の向上や競争の激化による財サービスの相対価格の下落と、有効需要不足によるマクロ経済全体の名目価格の下落——すなわちデフレ（デフレーション）——とが、根源的にちがった現象であることを明確にできず、デフレにたいして十分な警戒心をもたなかったことがあります。

デフレは、借金(債務)の実質額を増やしてしまい、借り手に大きな負担を強います。たしかに貸し手にたいしては有利にはたらきますが、効果が差し引きゼロになることはありません。なぜならば、借り手とは基本的におカネを支出しようと思う能動的な企業や個人であり、貸し手とはおカネをすぐには支出したくない受動的な企業や個人であるからです。デフレは、経済のなかでまさに活動的であるべき企業や個人の活力を奪い、全体としての支出意欲を抑えてしまいます。それは有効需要をさらに冷やし、デフレそのものをさらに悪化させるという悪循環を引き起こしてしまうのです。その意味で、「良いデフレ」などありません。デフレはつねに悪なのです。

それに加えて金融当局には、企業の設備投資や家計の住宅投資は、名目金利の水準ではなく、名目金利から予想されるインフレ率を差し引いた実質金利の水準に依存しているという基本的な事実にかんする、認識の混乱もありました。デフレの傾向があるときは、デフレに先がけて公定歩合を下げていかなければ、実質金利は下がりません。景気が十分に刺激され、デフレがインフレに反転して、はじめて公定歩合を上げる余地が生まれてくるのです。だが逆に、デフレを追いかけるようにしてしか公定歩合を下げていかなかった結果として、一九九九年二月には(公定歩合に代わって金利誘導目標となった)翌日物コール市場の名目金利は事実上ゼロになってしまったのです。デフレ傾向は依然として解消されておらず、実質金利は大きくプラスのままですから、そこでいくら量的緩和をおこなっても、本当の意味での金融緩和にはなっていなかったのです。それにもかかわらず、金融当局は名目金利がゼロの状態を「異常事態」と見なし続けていました。そして、二〇〇〇年に景気が多少上向きになったときにすぐにゼロ金利を解除して、景気の腰を折ってしまいました。その後、ふたたびゼロ金利に戻りましたが、もはやそれはひとびとにインフレ予想をもたせるような政策と組み合わされないかぎり、実質的な意味では景気抑制的な効果しかもたなくなってしまったのです。

このような半ば人為的に長期化されてしまった不況のなかで、利益率が大幅に低下した多くの日本の会社は、「リストラ」の名の下に、人員の整理をはじめたわけです。

だが、ここに「合成の誤謬《ごびゅう》」がおこります。合成の誤謬とは、ひとりひとりの個人、ひとつひとつの会社にとっては合理的である意思決定も、すべての個人や会社が同時におこなうと、全体としてそれぞれの意図を裏切ってしまうような結果をうみだしてしまうということです。ミクロ的な意思決定をそのまま足し算しても、マクロ的な現象を説明することができないということなのです。

個々の会社は自分の利益を増やすためにリストラをするわけですが、その結果、失業者が増加しはじめる。また、下請け会社も倒産しはじめ、さらに直接間接に関連するさまざまな企業の経営がうまくいかなくなっていく。すると、そういう会社が銀行から借りていた借金がさらに不良債権化してしまうことになります。そして、デフレのなかでは、不良化した債権の実質負担額は何もしなくても増加し続けることになるのです。

もちろん、カルロス・ゴーン社長のもとで大幅な改革をおこなった日産のように、「リストラ」が功を奏して、黒字に転化する会社がいくつか存在するかもしれません。(日産は、その後、このリストラの後遺症に長く悩むことになります)。だが、日本の会社の全体をみわたすと、消費需要と投資需要の下落により、平均的にはその利益率は必然的に下がってしまうことになるのです。それが、さらにいっそうの「リストラ」をまねき、さらにいっそうの失業者の増加や不良債権の膨張を引き起こしてしまうことになるのです。

じつは、まさにこれが「不況」の基本的な仕組みなのです。経済というのは、そのなかのすべての登場人物が持ちつ持たれつの関係になっていて、ひとりひとりの運命をひとりひとりの責任には帰せられないことがたくさんあるのです。個々の会社が自分の利益を上げようという動きが、結果的に会社全体の利益を下げてしまうという「合成の誤謬」が、まさに「不況」そのものであるのです。

「リストラ」とは不況の結果であるとともに、不況の原因でもあるのです。

リストラの三つの構造的要因

ただそれだけでは、まだ、最近の日本の会社がリストラを急ぐという動きは説明できません。

たしかに、長期的な停滞におちいっているいま、日本の会社の利益率はみじめなほど低い。たとえば、九〇年以降の上場会社のＲＯＥ（自己資本利益率＝税引き後利益÷株主資本）は五％以下を大きく下回り、二一世紀に入ってからはほとんどゼロに近い率にまで下がってしまっています。それは八〇年代に比べても、七〇年代に比べても、六〇年代に比べても大幅に低い。しかしながら、重要なことは、九〇年代以降はもちろんのこと、それ以前の八〇年代においても七〇年代においても、そして高度成長時代の六〇年代においても、日本の会社の利益率は、欧米の会社と比べると、ほぼ一貫して低かったということです。アメリカにおいては、たとえばアメリカのスタンダード・プアーズ（Ｓ＆Ｐ）五〇〇社のROEは、ITバブル絶頂時の九〇年代末には二〇%を大きく超えていましたし、それ以前においても一〇%を切ることは稀であったのです。

日本とは、伝統的に、利益率の低い国であったのです。

そして、さらに重要なことは、それにもかかわらず、日本の経営者はつい最近になるまで、日本の会社の利益率が相対的に低いという事実を、ほとんど意識したことがなかったということです。アメリカでは、たとえばROEが一〇%を下回ってしまった会社の経営者は、ほぼ自動的にクビになるといわれています。だが、日本では、新聞や雑誌といったマスメディアも、その事実を問題にしたことはありませんでした。バブルによって資産価値が大幅に上がった日本の会社がアメリカの不動産や株式を買いあさっていた八〇年代において、日本の利益率の低さは世界制覇のためのコンスピラシー(陰謀)であるという非難が、国外から投げかけられたことはありましたが、日本国内では問題にされたことがなかったのです。

それが、突然、一九九〇年代に入って、日本の多くの経営者が、日本の会社の利益率が低いという事実を意識するようになったのです。そして、その意識はマスメディアにも拡がり、いまでは「高収益経営」などという言葉が雑誌の誌面をにぎわせ、ROEのランキングなどが新聞に載るようになっています。

その背景には、あきらかに構造的な要因があるはずです。わたしたちは、したがって、もうすこし長期的な視点からこの問題を考えてみる必要があります。短期的な景気の停滞の影響だけでなく(といっても、もう一〇年以上も停滞は続いていますが)、日本をとりまく経済環境の構造的な変化をも視野に入れた、議論をする必要があるのです。

実際、いま日本経済は、大きな構造変化のまっただなかにいます。それは、「グローバル化」であり、「IT革命」であり、「金融革命」であるのです。この三つの変化が、いま、日本の会社がリストラせざるをえない構造的な原因を作っているのです。

グローバル化

グローバル化とは、基本的に、国と国、地域と地域、都市と都市のあいだで、モノやサービスが自由に動くようになることです。

一九六〇年代からGATT(関税と貿易に関する一般協定)、そして一九九〇年代に入ってからはWTO(世界貿易機関)が主導した数次にわたる多国間の交渉によって、各国の関税率が大幅に下がり、非関税障壁が大幅に緩和されました。その結果、全世界がひとつのグローバルな市場になりつつあるのです。世界中で生産されたモノが、世界中で売り買いされるようになったのです。消費者にとっては、十分な所得さえあれば、これほど有り難いことはありません。世界のどこにいても、世界のどこで生産されたモノでも買うことができます。世界中の消費者が、同じ消費のメニューを手にするようになったのです。（ただ、十分な所得のない消費者、とりわけ発展途上国の消費者にとっては、他人や先進国の人の豊かさを知ることによって、相対的な貧困感がかきたてられることになるでしょう）。

だが、生産者になると話は別です。グローバル化とは、それまで国境によって分断されていた各国の生産者が、突如、グローバルな市場に投げ出されて、おたがいに競争を始めなければならないことを意味するからです。それは、勝者と敗者、両方を生み出します。

勝者には、二種類あります。ひとつは、グローバル企業――と言ってしまうと、トートロジーになってしまいますが、世界的に見て最先端の技術をもっている企業や、世界中の消費者の嗜好にアピールする製品を提供できる企業――です。競争に勝てば、全世界の市場を握ることができるわけですから、その見返りはほんとうに膨大です。もちろん、現在、多くの科学技術分野でアメリカが先頭を切っていますし、また、英語が基軸言語となってしまったことによってアメリカ文化が特権的に全世界に浸透していることもあり、グローバル企業の大多数をアメリカ企業が占めていることは、周知のとおりです。

もうひとつの勝者は、優秀な労働力をもつ一部の発展途上国です。これまで、低賃金国は、生産コストが低いという利点があったにもかかわらず、国民の所得が低いためにモノを作っても国内に十分な市場が見つからなかったのです。だが、グローバル化は、そのような国の企業が、低い生産コストを武器として、グローバルな市場に進出する機会を与えてくれたのです。もっとも、一般に発展途上国は資金が乏しいですから、実際に低賃金による低生産コストの利点を大きく享受しているのは、豊かな資金を使ってそのような国に投資している先進資本主義国の企業であるということになります。

これにたいして敗者は、これまで国境の存在によって保護されてきた多くのローカルな企業です。それらの企業は、一方で、技術の先端性や製品の認知度において優位に立つグローバルな企業の進出と、他方で、安い労働力を使った発展途上国からの輸入品と、いわば前面と背面の両面で競争しなければならなくなってしまったのです。

もちろん、日本の会社のなかでも、自動車や工作機械や電気機械といった産業では、グローバルな企業はたくさんあります。だが、一般的に言えば、日本の会社の多くは、やはり国内向けの体質をもっているのです。日本は天然資源が乏しく、海外との貿易がなければ生きていけない貿易立国であるということを、よく言われます。だが、このような世間の常識にもかかわらず、戦後の日本経済の最大の特徴のひとつは、外国からの競争を効果的に遮断し、国内市場の大きさにもっぱら依存して成長してきたということです。

じじつ、現在日本の輸出を引っ張っている自動車産業を見ても、産業として立ち上がる初期には、日本国内の市場の大きさが決定的な重要性をもっていました。人口が、第二次大戦直後でも六五〇〇万から七〇〇〇万くらいあったわけですから、国内市場がそもそも大きかったのです。昔、アメリカで日本経済論を教えたときに調べた統計で、一九四七年の日本の自動車の輸出台数を見たら、たったの二台であったということをおぼえています。その年の自動車の国内生産台数は、たしか二〇〇〇台前後であったと思います。一九五〇年代から六〇年代の前半にかけて、日本の自動車産業は大幅な関税に保護され、急速に拡大した国内市場向けの生産を通して、生産性を飛躍的に向上させました。一九六五年に自動車の輸入が自由化されたときには、生産台数も二〇〇万台近くに達しており、すでに国際競争力を備えた産業に脱皮していました。そして、七〇年に入ってから対米輸出が本格化し始め、現在では日本で最大の輸出産業になっているわけです。

このような例があるにせよ、日本の多くの会社は、いまだに国内市場の大きさに保護されてきたということは否定できません。その結果、日本はいつのまにやら、世界で一番物価が高く、同時に世界で一番賃金の高い国になってしまっているのです。そしていま、多くの日本の会社は、一方で、グローバル企業によって国内市場を大きく侵食され、他方で、発展途上国からの輸入品との価格競争に苦しめられることになってしまったのです。もちろん、あのユニクロのように、安価な労働力を求めて中国をはじめとする発展途上国に生産の拠点を移したり、生産そのものを海外に委託してしまう企業も多く見られます。だが、それはいわゆる空洞化現象を生み出して、国内の雇用を減らします。そして、途上国に進出した日本企業の生産物が、日本に逆輸入されると、さらに国内の既存の企業を圧迫していくことになるわけです。

グローバル化は、そういう形で、少なくとも短期的には、日本国内の多くの企業にリストラを強いているのです。

ＩＴ革命

「ＩＴ」とは、いうまでもなく、ＩＮＦＯＲＭＡＴＩＯＮ ＴＥＣＨＮＯＬＯＧＹの略語です。それは、パソコンやインターネットに代表されるような「情報技術」のことを指しています。近年におけるパソコンの加速度的な進化とインターネットの爆発的な普及が社会にもたらしつつある大きな変化のことを、俗に「IT革命」とよんでいるのです。

このIT革命は、日本型の会社組織がもっていた相対的な優位性を突き崩しつつあります。

会社の組織は、基本的には、ピラミッド型の階層構造をしています。頂点には、社長をはじめとするトップの経営陣がおり、底辺では多数の労働者が実際の生産活動に従事しています。その中間を、ホワイト・カラーといわれるさまざまな中間管理職の人間が占めているのです。

ただ、同じピラミッド型をしていても、アメリカの企業組織と日本の企業組織のあり方には、大きなちがいがあるといわれています。第一に、アメリカでは、仕事にかんする分担や責任が明確に区別されており、各人は与えられた仕事をきちっとこなすことを期待されています。多少戯画化していえば、作業している機械や設備が壊れたら、そこで働いている労働者は、修理を専門とする修理工が来るまで何もしないで待つことになります。生産労働者が修理にまで手を出したりすると、越権行為であると労働組合からクレームがくるぐらい分業がきっちりしているのです。

これにたいして、日本においては、大会社においても、仕事の分担や責任があまりはっきりしていません。いや、はっきりさせていないといったほうがよいでしょう。それぞれの労働者が多くの種類の仕事をこなせることが期待されています。機械や設備が壊れたとしても、労働者自身が修理を行おうとしたりする。生産工程や機械の使用について改善の余地があれば、労働者自身がそのような提案をする。すなわち、修理や改善などをふくめて、比較的多くの仕事が現場の労働者の裁量に任せられているといわれています。もちろん、そのようなことが可能なためには、現場の労働者ひとりひとりが、現場の経験にもとづいてさまざまなコツやカン、もうすこし専門的には技能やノウハウを磨いていなければなりませんし、現場の労働者のあいだで、多くの情報が共有されていなければなりません。

アメリカと日本の企業組織のあり方の第二の大きなちがいは、中間管理職のあり方です。アメリカの企業組織においては、経営は基本的にはトップ・ダウン方式でおこなわれているといわれています。頂点の経営者が意思決定をし、それを下に向けて指示し、現場のほうは、指示通りの仕事がおこなわれたかどうか、その結果がどうであったかを、上に向けて報告することになります。情報の流れは、基本的には垂直方向に流れ、ピラミッドの中層に位置する中間管理職の役割は、頂点でなされた意思決定を具体化して現場に伝え、現場における実績を集約して頂点に伝えることにあるのです。

これにたいして、日本の会社組織では、中間管理職としてのホワイト・カラーの比重が、量的にも質的にも大きいと言われています。現場の労働者に仕事の内容にかんする一定の裁量権をあたえているだけでなく、中間管理職にも経営にかんする意思決定に一定の裁量権をあたえています。中間管理職は、頂点と現場のあいだの情報のたんなる中継点としてではなく、さまざまなレベルで実質的に会社経営に関与しているのです。いや、日本の経営トップのおもな仕事は、ピラミッドのさまざまな部分で分権的におこなわれている意思決定を、いかにうまく調整していくかにあるとさえ言われているのです。その意味で、日本の経営は、かなり自画自賛の嫌いがありますが、トップ・ダウンではなく、ボトム・アップであると言われているのです。

「ジャパン・アズ・ナンバー・ワン」と言われていた一九八〇年代において、まさにこのような分権的な経営方式こそ、日本的経営の最大の強みであるというコンセンサスができあがっていました。だが、まさにＩＴ革命によって、このような日本的な経営の比較優位が失われつつあるのです。

ＩＴ革命による情報処理能力の加速度的な進化は、これまで現場の労働者が長年の経験と訓練によって磨いてきたコツやカンの少なくとも一部を、コンピュータのなかのデータベースにすることを可能にしました。現場の労働者のあいだの精妙なチームワークによって運行されてきた複雑な生産工程の少なくとも一部を、コンピュータを使ってシミュレートすることを可能にしました。

また、IT革命による情報ネットワークの発達は、会社組織のなかでの情報ネットワークのあり方を大きく変えつつあります。たとえば社長が、社内のeメールを使って中間管理職を飛び越して平社員に直接指示を出してしまう。あるいは平社員が中間管理職を飛び越してeメールで社長に直訴する、というようなエピソードをよく聞きます。ほとんどの場合は気まぐれな自慢話にすぎないのですが、そういう自慢話があるということ自体、会社組織にいわゆる「中抜き現象」が実際に起こりはじめているということの証拠なのです。

もちろん、個人と個人のフェイス・トゥ・フェイスな関係は決してなくなりませんし、インターネットによる顔の見えないコミュニケーションの拡大は、顔をすでによく知っているもの同士の密接なコミュニケーションの重要性を、逆に増大させるということもあります。しかし、このように頂点と現場とのあいだで直接的な情報交換が可能であるということは、まさに両者のあいだに位置していた中間管理職の有用性、したがって権限を大きく減らしてしまうことになっているのです。

いずれにせよ、ＩＴ革命は、日本型の会社組織の相対的な強みを消し去ってしまう傾向をもっているのです。

戦後日本の金融の仕組み

あたりまえすぎることとですが、会社はおカネを必要としています。従業員に賃金を払わなければならないし、原材料を買わなければならない。機械や設備に投資をしようとすれば、そのための資金を調達しなければならない。さらに新しい事業をおこすにも新しい資金が必要になります。

その資金をどこで調達するか。従来は、日本の会社の資金の調達は、主として長期にわたって密接な関係を保ってきた少数の銀行からおこなっていました。これがメインバンク・システムです。

日本の会社の場合、なぜ銀行からの借り入れによってしか資金が調達できなかったかというと、敗戦直後の日本経済はひどく資金が不足していたのにもかかわらず、現在の発展途上国とちがって外国から資金を導入する道も閉ざされていたからです。日本の家計は世界でもっとも高い貯蓄率をほこっていましたが、株式市場が未発達で、株式投資が一種のギャンブルとみなされていたこともあり、資産の運用にかんしては保守的でした。それゆえ、貯蓄の行き先は安全な銀行か郵便局にかぎられていたのです。銀行に預けられた預金の場合は、その銀行が資金を欲しがっているたくさんの会社を選別して、資金を分配していく役割をはたすことになりました。郵便局に預けられた貯金や保険金の場合は、いったん政府に吸い上げられ、それから開銀（日本開発銀行）や輸銀（日本輸出入銀行）といった政策銀行に割り当てられていました。これらの資金は財政投融資とよばれているのですが、それはおもに長期の投資資金として、政策銀行が基幹的な産業に分配していくことになったのです。

戦後長らく、日本経済は貧しく、預金や貯金の量が限られていました。その少ない資金を分配するのが銀行の役目ですから、銀行は貸し出し先の会社にたいしてひじょうに大きな力をもっていました。したがって、会社は融資された資金の使い道についていろいろ指導されたり、銀行出身者を役員として受け入れたりして、銀行の支配を受けやすかったのですが、会社側にもメリットがありました。会社は、銀行との長い関係のなかで、銀行から有益な経営上のアドバイスを受けることができる、会社が危機におちいったときには、銀行が緊急融資から再建人の派遣まで、さまざまな形で助けてくれる、ということがあったのです。

つい最近までの会社の出世物語というのは、こういうものでした。最初は、無理して会社をおこしても、銀行はどこも見向きもしてくれない。初めは親類や友人、さらには信用組合や信用金庫のようなところから資金を借りて細々とやっていくわけですが、会社がうまく立ち上がって安全な融資先であるという評判が確立すると、そこではじめて銀行がメインバンクになってくれる。すると、会社はひじょうに喜ぶわけです。なぜかというと、メインバンクができると、今度はそのメインバンクの信用によって、さらに他の銀行もお金を貸してくれるようになるからです。しかも、いざというときに、メインバンクは会社を助けてくれることもある。メインバンクをもつということが、会社そのものの信用の拡大につながっていくのです。それによって、会社の資金調達の可能性が大幅にひろがることになる。

金融革命

ところが、一九八〇年代に入って、全世界的にいわゆる「金融革命」が起こりはじめたのです。金融革命については、後の第八章でもうすこしくわしく論じますが、基本的には、金融制度の自由化と金融技術の発達によって、十分な信用さえあれば、だれもが自分の必要に応じて、低い利子率で資金を自由に調達できるようになったことをいいます。

ひとびとの貯蓄が銀行を通して会社の投資資金にまわっていくという従来の日本の金融の仕組みは、護送船団方式といわれたように、旧大蔵省を中心としたさまざまな規制や行政指導によって守られていました。希少な投資資金を、一種の国策的な視点にもとづいて、限られた産業に重点的に配分する必要があったということから、資金調達にかんしてさまざまな制約が課されたのです。そして、それが旧大蔵省や銀行の既得権益となり、さまざまな不祥事をうみだしたことは、まだ、記憶に新しいことだと思います。

だが、日本は、戦後の資金の足りない状態から高度成長を経て、いまでは世界最大の資産国のひとつになりました。銀行預金や郵便貯金だけでは、その豊富な資産を吸収するチャンネルとして力不足になってきたのです。また、イギリスのサッチャー政権、アメリカのレーガン政権の下での大幅な規制緩和政策によって、全世界的に資金の移動の自由化が進み、国際協調の側面からも、日本の旧大蔵省や銀行は、これまでの金融に関する規制を緩和せざるをえなくなりました。このような内圧と外圧の結果として、日本の会社も、銀行を通さずに比較的自由に資金を調達できるようになったのです。

　具体的にいうと、日本の会社も債券を発行して、全世界から資金を調達することができるようになった。それは銀行から借金をするのではなく、また手形のように限られた取引相手から信用をうけるのではなく、長期の場合は社債、短期の場合はCP（コマーシャル・ペーパー）とよばれる債券を発行し、それを社債市場やCP市場で売って資金を調達するわけです。また、エクイティ・ファイナンスといって、株式を増資したり、場合によっては新たに株式市場に上場することによって、会社が株式市場から直接に資金を調達することも容易になった。いずれの場合も、社債市場やCP市場や株式市場というオープンな金融市場を通して、銀行という仲介者を通さずに、資金を実際に保有しているひとびとから直接に資金を調達する機会が増えたのです。

　そしてさらに、一九八〇年代からアメリカのシカゴやニューヨークを拠点として、金融先物市場をはじめとするデリバティブ（金融派生商品）市場がつぎからつぎへと立ち上がりました。原理的には、日本の会社もそのような市場を利用して、自社のニーズに応じたきめ細かな資金調達ができるようになったのです。ただ、いま「原理的には」といったのは、実際には、日本の会社の多くは、このような新しい金融市場を使いこなせずに、逆にかなりの損失をこうむってしまったという話をよく聞くからです。

バブルが起こった本当の理由

このことは、日本で、なぜあれだけバブルがひどくなったかということと、密接に関連しています。

金融革命が起こる前は、会社が投資するとき、銀行から資金を借りるよりほかありませんでしたが、銀行は会社との長期的な関係を重視しますから、そこでかなり綿密な審査がおこなわれたといいます。銀行がきびしく審査をして、それに合格した投資案件のみ、会社も投資できたわけです。

ところが金融革命が起こり、会社は社債市場やCP市場や株式市場などの金融市場から、直接的に資金を調達できるようになりました。それは、銀行の審査を通さない投資が増えてきたということでもあるわけです。

そのころは、ちょうど日本が「ジャパン・アズ・ナンバー・ワン」と浮かれていた頃ですが、近いうちに、ナンバー・ワンの首都である東京は、世界の金融セクターの首都にもなり、全世界から大挙して金融機関が押し寄せてくるという話が、まことしやかにされていました。東京のオフィスビルも足りなくなり、そのために一等地の土地も足りなくなる。ということで、東京湾沿いを中心に一大金融センターを作ることが計画され、それにあおられて、投機的な土地の買いあさりがはじまったのです。それがきっかけになって、東京の都心部から、土地の値段が急激に上がりはじめたのです。それがドミノ倒し的に拡がって、地価のバブルに火がついたのです。それがバブルの第一段階です。

第二段階は、銀行が引き金を引きます。そのころまでには、日本の優良会社のいくつかは、潤沢な資金をたくわえ、銀行から資金を調達する必要がなくなってしまいました。実際、グローバル化と金融革命によって世界的な規模で資金の調達ができるようになり、日本のいくつかの有力会社も、ヨーロッパやアメリカの金融市場で直接的に社債を売ったり、株式を上場したりするようになったのです。さらに、トヨタなどは、会社の内部に留保された利益があまりにも大きくて、やっかみ半分、トヨタ銀行とよばれていたりしました。

そこで、銀行が焦ったわけです。銀行は、いままでの一番の貸し出し先である大手会社に素通りされていってしまうので、自分たちの利益の源泉が枯渇《こかつ》してしまうことになる。そこで何をしたかというと、中小企業や個人にたいして貸し出しをはじめた。つまり、銀行は自分たちの利益を確保するために、いままでは融資先としては相手にしてこなかったところで、新しいお客を開拓しなければならなくなったわけです。ところが、それまでは安定していた大会社ばかり相手にしていたので、そうした新たな融資先の投資の案件を審査するためのノウハウの蓄積がなかったのです。

もちろん信用金庫や信用組合などのように、そういう小口の貸し出しなどを得意としていた金融機関もありました。そういうところは地元の客層や地域の産業にかんするローカルな知識をもっていて、比較的健全な貸し出しをしていたわけですが、そこに銀行が突然参入してきたわけです。銀行は、ほとんど貸し出し先の情報がないので、ろくな審査もできないにもかかわらず、当時は土地の値段は絶対下がらないという、いわゆる「土地神話」がありましたから、土地さえ担保にとっておけばよいとして、無理な貸し出しをはじめた。今度は、その資金の一部が、会社による土地や株式の買いあさりの資金として使われるようになった。場合によっては個人も、銀行だけでなく、住専などのノンバンク（銀行ではない金融機関）などから資金を容易に調達できるようになったのです。（そして、途中から、信用金庫や信用組合も貸し出し競争に参加しはじめました）。それがバブルにさらに火をつけたわけです。

いや、銀行は貸し出し先が土地、そして株式に投資することを奨励して、さらにバブルの火を強くしてしまった。しかも、バブルによって土地の値段が上がると、それは土地の担保価値を上げることになります。それは、土地の担保を絶対視していた銀行の貸し出しをさらに刺激して、バブルがバブルを生むという状況を作り出してしまったのです。

そして、バブルがはじけてしまうと、投機によって買いあさられた土地の多くは、目玉の飛び出るような買い付け価格に見合う収益など生み出しようがありません。そのような土地の購入資金として銀行が貸し出した資金の多くは、元本どころか利子さえも返済不能となってしまい、結局、「不良債権」として、その後長く日本経済の最大の重荷と化してしまったのです。

じつは、バブルは日本だけの現象ではありませんでした。アメリカでもヨーロッパでも似たようなことが起こっている。アメリカでは、一時それで地方の貯蓄銀行が大量につぶれたし、たとえばスウェーデンでは一時は日本も顔負けのバブルになった。どこでも金融革命がきっかけとなったのです。だが、日本の場合は、土地神話の存在がバブルの規模を大きくしてしまい、さらに政策当局の無能さが追い打ちし、バブル崩壊による傷をほかのどの国よりも大きなものにしてしまったのです。

金融革命とリストラとの逆説的な関係

従来の日本の会社は、世界的に見るとひじょうに利益率が低いことはすでに指摘してきました。アメリカ（そしてイギリス）であったら、一〇％以下のＲＯＥ（自己資本利益率）しか上げられない会社の経営者は、大株主の圧力ですぐクビになってしまいます。しかし、日本の会社の場合は、五％はおろか、二％でも一％でも続投が許される。それは、裏を返せば、日本の会社も、その会社に融資をしている日本の銀行も、利益率よりも会社の存続、さらには会社の成長が至上命令であったということを意味しているのです。

資金調達がおもに銀行を通しておこなわれている場合、会社と銀行、特にメインバンクとの関係はひじょうに長期にわたり、持ちつ持たれつの関係になってしまいます。そこでは、貸し出す側の銀行のほうでも、貸し出し先の会社がつぶれずに長く存続し、長く安定的に利子を支払ってくれていることのほうが、その会社がリスクをとってほんとうに収益性のある投資プロジェクトを開拓してくれるかどうかよりも、大切になってしまうのです。もちろん、貸し出し先が成長してくれれば、こんなに有り難いことはなかったわけです。

ところが、社債市場やＣＰ市場や株式市場を通じたオープンな資金の調達方法においては、貸し手と借り手の関係は、銀行とその貸し出し先の関係よりは、はるかにドライな関係です。たとえば社債やCPを買う人が会社に何を求めるかというと、満期になるまでのあいだだけでも健全な経営をして、利子と元本をリスクなしに返してくれることだけです。株式市場においても、多くの株主は会社が短期的にきちっと利益《りえき》を上げてくれて、株価を上昇させていくことしか望んでいません。すなわち、市場から資金を調達する割合が増えるにつれて、会社の存続や成長よりも、会社の短期的な利益率に対する意識が高まってくるわけです。

金融革命とは、全世界的には、だれもが自分の必要に応じて低い利子率で資金を調達することが可能になったことによって、会社がそれまでよりも低い利益率で生きのびることを可能にしたのです。だが、皮肉なことに、日本ではそれが逆に作用しているのです。なぜならば、この日本における金融革命とは、利益率よりも会社それ自体の存続や成長を重視する、メインバンクを中心とした資金調達方法からの脱皮を意味しているからです。それは、結果として、これまでよりも高い利益率を確保することを会社に要請する圧力として働いているのです。じじつ、それによって、経営者の意識が変わりはじめ、「高収益経営」や「欧米並のROE」といったかけ声とともに、利益率を上げるためのリストラにドライブがかかっているというわけです。

日本経済の特徴は、会社のあり方にある

グローバル化とIT革命と金融革命という三つの大きな潮流が、日本経済に長期的な影響を与えています。この三つの動きが、バブルの崩壊以降日本を支配し続けている不況に加えて、日本の会社に対する構造的な圧力になっているわけです。

ここで重要なことは、まさにグローバル化という言葉が示唆しているように、グローバル化とIT革命と金融革命は、全世界をほぼ同時に巻き込んでいることです。しかも、この三つの潮流は、たしかに日本経済、とりわけ日本の会社にとってはマイナスに働きましたが、たとえば、アメリカ経済を見ると、少なくともつい最近までは、大いにプラスに働いていました。アメリカは、まさにグローバル化とIT革命と金融革命によって、かつてない長期的繁栄を一九九〇年代には謳歌することができたのです。もっとも、二〇〇〇年代にはいってから、アメリカの株式市場も一〇年続いたバブルがはじけ、経済全体も二〇〇一年から不況の様相を示しはじめているのですが。

そこで、このグローバル化とIT革命と金融革命という三つの潮流が、なぜ日本の経済にとっては、マイナスに働いてしまったのか、ということが問題になります。

それは端的に言ってしまえば、日本の会社の構造が、アメリカ型の会社ともヨーロッパ

型の会社とも異なった構造をしているからにほかなりません。必ずしも日本だけが特殊だとは言えませんが、会社のあり方としてアメリカ、そしてイギリスとはある意味で対極的な構造をしているし、ドイツなどの会社とは共通項も多いのですが、やはり異なっているのです。

そうすると、まず日本の会社とはいったいどのような特徴をもっているのかを理解する必要があります。そのためには、そもそも「会社」とは何か、という問いをまず発する必要があるのです。なぜならば、会社なるものにかんするこれまでの経済学者や法学者の理論は、ほぼすべてアメリカ、そしてイギリスの会社をモデルにしたものにすぎなかったからです。その枠組みのなかには、日本の会社の特徴はうまく収まってくれません。そのため、多くの経済学者や法学者は、日本の会社は会社としては不完全なものであるとか、まだ未発達な会社の形態であるとか、ひどいのになると、日本の会社は会社ではないという議論までしてきたのです。

だが、いくらアメリカやイギリスの会社と異なっているといっても、日本の会社もれっきとした会社なのです。それは、アメリカやイギリスの会社と同様、会社が会社であるためのすべての条件を満たしているのです。

ただ、日本の会社がれっきとした会社であるということを理解するためには、会社にかんする既成の理論にとらわれず、会社とは何かということを、そのもっとも根源的なところから考え直す必要があるのです。そして、それはそれほど難しいことではありません。いや逆に、これまでの議論がやけに難しかったのは、それがアメリカやイギリスの会社をモデルにして、会社にかんする理論を作り上げようとしてきたからなのです。

いずれにせよ、次の第二章と第三章では、会社とは何かという問いにたいするわたしなりの答えを示していこうと思います。そして、その答えを基礎にして、第四章から第六章にかけて、日本の会社のあり方についておもに考えてみようと思うのです。さらに本書の後半において、日本の会社のあり方を理解することは、じつはポスト産業資本主義における会社のあり方を理解するための手助けになるということも、示していくことになるはずです。

第二章　会社という不思議な存在

ヒトとモノ

会社のあり方について説明するときに、まず最初に押さえておかなければならないことは、近代の市民社会における一番基本的な関係、つまりヒトとモノの関係です。ここでいうヒトとは、モノを所有する主体です。これにたいして、モノとは、ヒトによって所有される客体です。簡単に言えば、第1図で示されているように、ヒトはモノを所有し、モノはヒトに所有されます。（第1図では、ヒトは円形、モノは長方形、そして円形から長方形へ向かう矢印が所有を表しています）。モノはヒトを所有できませんし、ヒトはモノによって所有されることはありません。このように、ヒトとモノとが、所有の主体と所有の客体として厳密に区別されているということが、近代社会の基本なのです。

私的所有権制度（私有財産制）とは、ヒトは、自分が所有しているモノを全面的に支配する

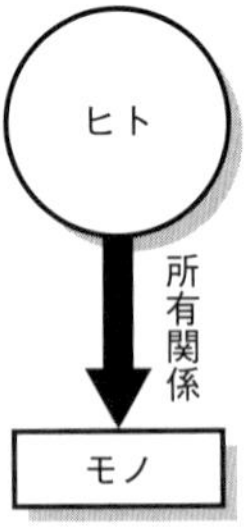

図1: ヒトとモノ

権利をもっているということです。たとえば、リンゴの木の所有者は、それを切り倒して暖炉にくべようが、それを育ててリンゴを実らせようが、それを他人に売り飛ばしてお金に換えようが、まったく自由に処分できるということなのです。近代以前の社会は、ヒトとモノとのあいだにこのように厳密な区別がありませんでした。典型的には、ドレイの存在です。ドレイとは、生物学的にはヒトであるのにもかかわらず、モノとしてほかのヒトに所有されてしまう存在です。すなわち、ヒトがヒトをモノとして所有していたのです。ドレイの所有者は、ドレイにさまざまな労働を強制し、女ドレイには多数の子どもを産ませ、不要なドレイは市場で競《せ》りにかけたのです。古代社会とは、ドレイの存在を前提とした社会でしたし、アメリカではつい一五〇年前までドレイ制度がありましたし、現在でも最貧国の一部には人身売買が残っているといわれています。

ドレイ制が廃止された後でも、たとえばヨーロッパ中世においては、封建時代の領主（L

ORD)は、自分の領地に住む領民、特に農奴(SERF)にたいして、人格的な支配をしていました。たとえば領主には、領民にたいする裁判権があたえられていましたし、農奴が結婚する際に、初夜権などというひどい権利が認められていたりしました。オペラの『フィガロの結婚』は、そのような領主の権利にたいする、民衆の抵抗の物語にほかならないわけです。また、比較的豊かな家であれば、そのなかで働く召使い(SERVANT)にたいして、家の主人(MASTER)は、やはり人格的な支配権をもっていました。農奴も召使いも、ドレイではありませんが、自分の時間や自分の居住地や自分の生産物、場合によっては自分の身体にかんしても自由をもっていなかったという意味で、所有されるモノという要素を残していたのです。じじつ、SERFもSERVANTもその語源はラテン語のSERVUSで、それはドレイを意味していたのです。

日本においても、ヒトがヒトを人格的に支配する関係は、明治以前だけでなく、戦後民主主義的憲法が制定されるまで、家父長制という形で残っていました。

自分以外のなにものにも支配されない自立した存在――それが、近代的な意味での「人間」の定義です。人間とは他人によって所有されるモノではないと、言い換えてもよいでしょう。近代の市民社会になってはじめて、ヒトとモノがはっきり区別されるようになったのです。

だが、同じ市民社会の枠組みのなかで、資本主義が発達し、さらにその資本主義の発達のなかから会社という仕組みが発達しました。いや、会社の発達こそ、一九世紀の後半からの資本主義の発達の原動力であったのです。

そしてじつは、まさにその会社という存在が、ヒトとモノとのあいだの近代的な所有関係から出発しながら、逆にヒトとモノとのあいだの厳密な区別を覆してしまうことになったのです。

企業と会社

会社とは何かを考えるために、すこし遠回りをしますが、「会社」とたんなる「企業」とはどうちがうかということから説明を始めましょう。

企業とは、利潤の追求を目的とした経済組織のことです。もっとも古典的な形態の企業は、近所の街角の八百屋でしょう。夫婦で一緒にやっているとすれば、それは共同企業です。もちろん、この八百屋は株式会社ではありません。

おそらく、八百屋の店舗は賃貸でしょう。しかし、店先に並んでいるリンゴやミカンやニンジンやキャベツといった品物は、すべて共同所有者である夫婦のものです。八百屋は、店にやってきたお客に、自分たちの所有物を売っているのです。

したがって、だんななりおかみさんなりが、働いている最中に突然お腹が減ったので、自分の八百屋の店先のリンゴやミカンを食べてしまっても、何のお咎《とが》めもありません。リンゴを食べただんなが唯一気にしなければならないのは、おかみさんの小言《こごと》です。ミカンを食べたおかみさんが唯一気にしなければならないのは、だんなのご機嫌です。それに耐えられさえすれば、何の問題もなくリンゴやミカンを食べてよいのです。なにしろ、リンゴもミカンも、自分たちのモノなのですから。

駅前のラーメン屋の場合は、もっと話は単純です。脱サラした店主がひとりで切り盛りしているので、それは個人企業です。お腹が減った店主が、自分が作ったラーメンを食べても、だれもなんの文句も言わないはずです。仕入れた麺や豚肉やネギ、さらにできあがったラーメンは、すべて店主のモノなのです。店主は、自分のモノであるラーメンを、お客に売っているだけなのです。ラーメン屋の店主は、ラーメン屋にあるモノの支配者です。もっとも、お客様は神様ですが。

さらに、共同企業の規模がもうすこし大きくなると、組合とよばれます。複数の人間が

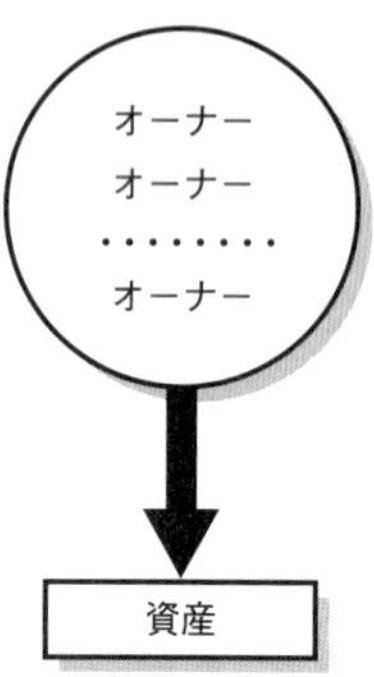

図2: 個人企業と共同企業

お互いに契約を結んで、共同でモノを所有し、共同で活動をおこなうのが組合です。たとえば、組合として組織された法律事務所のパートナーであるということは、その事務所がもっているさまざまなモノをほかのパートナーと共同で所有し、共同で管理しているということなのです。ただし、現実においては、生活協同組合や農業協同組合のように、組合という名前をもっていながら、法人として認められている組織がたくさんあるので、話を混乱させないために、共同企業という言葉で、法律上の組合もふくめることにしておきます。

第2図が示しているように、個人企業でも共同企業でも、古典的な企業は、私的所有権制度のもとでのヒトとモノとのあいだの関係をそっくりそのまま使っています。ヒトはモノを所有し、モノはヒトに所有される。ヒトは所有したモノを支配し、モノは所有された

ヒトによって支配される、というわけです。

ところが、その「企業」が「会社」という形をとるやいなや、ヒトとモノとのあいだの所有関係が、はるかに複雑な様相を帯びてしまうのです。これから、そのことを説明してみましょう。

後に述べるように、会社にはいろいろ種類があるのですが、ここではとりあえず、もっとも発達した会社の形態である「株式会社」について考えてみることにします。

そこで、株式会社として組織されたスーパーマーケット・チェーンを例にとってみましょう。たしかに、このスーパーマーケット・チェーンを外から眺めてみると、一方には株主がおり、他方には会社資産があります。株主は、さまざまなヒトですし、会社資産は、店内のリンゴやインスタント・ラーメンや化学調味料、あるいは店舗や土地、運搬に使っているトラック、本社オフィスや福利厚生施設といったさまざまなモノです。（このほかにも、もちろん、店内には従業員がおり、本社オフィスには経営者がおりますが、かれらの役割にかんしては後に議論することにします）。物理的な意味では、はるかに規模が大きいということを除けば、株式会社と個人企業や共同企業とちがうところはないようにみえます。

だが、株式会社における株主と資産との関係を、個人企業や共同企業における所有者と資産との関係と同一視してしまうと、とんでもないことになってしまうのです。

仮に、わたしがスーパーマーケット・チェーンの株主であるとしましょう。お腹をすかして道を歩いていて、たまたま自分が株主であるスーパーマーケットのお店の前を通りかかったとします。そこで、ラーメン屋の店主や八百屋の夫婦と同じ気持ちで、スーパーマーケットのなかに入り、陳列してあるリンゴをとってかじったとします。どうなるでしょうか？

わたしは、窃盗罪で、逮捕されてしまいます！

万一、わたしが自分の手にそのスーパーマーケット・チェーンの株券をもっていたとしたら、スーパーの責任者は、株主にフレンドリーな会社だというイメージを壊さないために、無罪放免にしてくれるかもしれません。だが、わたしが、そのチェーンが直営している食肉処理場の環境破壊を糾弾している運動家であるとしたら、たとえ正真正銘の株主であったとしても、窃盗罪で牢屋にぶちこまれてしまう可能性があるのです。

なぜ、そういうことが起こるのでしょうか？

会社の株主は会社資産の所有者ではないのです！

会社の株主とは、スーパーマーケットの店内の棚に並べられているリンゴやインスタント・ラーメンや化学調味料、あるいは店舗や土地、運搬に使っているトラック、本社オフィスや福利厚生施設など会社の資産にかんして、法律上はその所有者にはなっていないのです。

では、一体、だれが、これらの資産の所有者であるのでしょうか？

それは、「法人」としてのスーパーマーケット・チェーンです。「法人」としての会社それ自体が、会社の資産を所有しているのです。

法人とは何か

「法人」という言葉が出てきました。会社資産の法律的な所有者は、法人としての会社であると、言いました。では、法人とは、一体何なのでしょうか？

イギリスでは、会社はCOMPANY、法人はLEGAL PERSONというふうに分けて使われています。アメリカでも、一応、会社はCORPORATION、法人はLEGAL PERSONですが、CORPORATIONという言葉で法人を指し示すこともあり、かなりごちゃごちゃしています。日本でも、会社と法人とは、あまり明確な区別なく使われていることが多いと思います。しいていえば、法人化された企業のことを「会社」

と呼んでいるようです。その場合、会社は企業ですから、利潤の追求を目的としています。それにたいして、法人という言葉は、かならずしも利潤の追求を目的としていない、もっと広い範囲の組織を指すことになります。

法人というのは、読んで字のごとく、「法」の上の「人」のことです。ここで「法の上の」と言っているのは、それは本来はヒトではなく、モノにすぎないということを意味しています。実際、民法や商法の教科書では、法人とは、本来ヒトではないのに、法律上ヒトとして扱われるモノとして定義されています。ここで重要なことは、どの法律の教科書にものっているこのもっとも基本的な定義において、法人がヒトとモノとの二面性をもっているということが、はっきりと示されているということです。法人とは、モノであるのにヒトであり、ヒトであるのにモノであるという、不思議な存在なのです。

会社をヒトとして扱うということは、モノを所有することのできる主体として会社を扱うという意味にほかなりません。そして、まさに、その法人としての会社が会社資産の法律上の所有者となっているのです。

いや、それだけではありません。法人としての会社は、法律上のヒトですから、ほかの個人やほかの会社と契約をむすぶことができます。会社は、会社の名の下に、原材料供給者や部品納入者や機械メーカーと買い付け契約を結び、従業員と雇用契約を結び、土地所有者と賃貸契約を結び、銀行と貸借契約を結び、販売店と販売契約を結んでいます。さらに、法人としての会社は、法律上のヒトですから、会社の名の下に、ほかの個人や会社から訴えられることもありますし、ほかの個人や会社を訴えることもできるのです。じじつ、新聞を細かく読めば、さまざまな訴訟において、会社が被告となっていたり原告となっていたりすることを、確かめることができるはずです。

さて、株主は会社資産の所有者ではありません。では、その株主はいったい何を所有しているのでしょうか？

先ほど、法人とはヒトでありモノであるという不思議な性質をもっていると言いました。法人としての会社は、それゆえ、モノでもあるわけです。会社の株主が所有しているのは、その「モノとしての会社」なのです。だが、ここで言うモノとしての会社とは、いったい全体何なのでしょうか？

それは、会社のオフィスではありません。ましてや、会社の土地でも、会社の工場でも、会社のコンピュータでも、会社の製品でもありません。いうまでもなく、それらはいずれも、会社の何々というように、すべて法人としての会社が所有している会社資産でしかありません。

モノとしての会社とは、具体的な形をもったモノではないのです。それは、じつは、「株式」とよばれている抽象的なモノです。株主とは、まさに言葉の通り、株式の持ち主、すなわち、株式の所有者にほかならないのです。

株式とは何か

会社法の教科書を読むと、株式とは株主が会社にたいしてもつ法律上の地位である、と書いてあります。これでは何を言っているのかさっぱりわかりません。そこで、続けて読むと、株式とは株主が株主という地位にあることに伴う権利の総体であると書いてあります。これでも、まだ何を言っているのかわかりません。そこで、さらに読み進めると、この権利には、大きく言って、共益権と自益権の二種類があると書いてあります。これでも、まだわかりませんが、さらに続けて読むと、共益権としては総会議決権などがあり、自益権としては利益配当請求権や残余財産請求権などがあると、書いてあります。これで、やっと、株式とは何かが、わかりはじめてきます。

すでに述べたように、法人としての会社は、法律の上のヒトとして、モノである会社の資産を所有しています。そして、これもすでに述べたように、私的所有権制の下では、モノを所有しているということは、そのモノを全面的に支配できる権利をもっているということになります。それは、第一に、そのモノをどのように使うかを決める権利をもつということです。そして、第二に、そのモノが生み出す新たなモノも自分の所有物とする権利をもつということです。

株式会社においては、会社資産をどのように使うかは究極的には株主総会の議決によって決められることになっていますから、所有関係にともなう第一の権利は、結局、株主総会における議決権ということになります。また、会社資産が生み出す新たなモノは、すべて利益として計算されますから、所有関係にともなう第二の権利は、結局、利益にたいする配当の請求権ということになります。ただし、会社が倒産してしまったときには、この権利は、債権者に負債をすべて支払った後でも万一何かが残ったとしたら、その残ったモノだけは自分のものにすることができるという、残余財産請求権という形をとることになるのです。

すなわち、株式を構成する総会議決権や利益配当請求権や残余財産請求権などの権利とは、会社が法人として所有している会社資産にたいする支配権の具体的な中身にほかならないのです。それゆえ、株式を所有するということは、その支配権それ自体を所有することに等しく、さらにそれは、そのような支配権の主体である法人としての会社を、あたかもドレイのように、モノとして所有していることに等しくなるのです。株式の所有者である株主は会社をモノとして所有しているというのは、こういう意味なのです。

そして、資本主義においては、すべてのモノは売り買いの対象になります。当然、モノとしての会社も売り買いの対象になります。ただ、一般に、会社をまるごと売り買いするのは、よほどの大金持ちでなければ不可能です。そこで、一般大衆も売り買いに参加できるように、モノとしての会社を細かい単位に分割するようになり、そのように分割されたひとつひとつの単位のことを、「株式」とよぶようになったのです。

さらに言えば、この株式を具体的な紙切れの形で表現したのが「株券」です。株式の売り買いとは、本来は抽象的な法律上の権利を売り買いすることですが、現実には、具体的な形をもつ株券を売り買いすることになるのです。

株式は、相対《あいたい》取り引きで売り買いすることもできますが、多くの場合、よく整備された市場においてオープンに売り買いされています。その市場が、株式市場です。すなわち、株式市場とは、モノとしての会社の部分部分を売り買いする市場のことなのです。

日本語の株式について

ところで、「株式」という言葉は、古くからの日本語です。「株」という言葉は、江戸時代においてすでに経済用語として使われていました。また、かつては「式」という言葉は「職」という言葉と同じ意味で用いられており、その「職」という言葉も長らく「しき」と発音されていました。

この「職」という言葉は、もともとは律令体制のなかの役所の名前で、たとえば、陰陽《おんみょう》職《しき》とは、陰陽道を司る役所のことを意味していました。ところが、平安時代に入ると、「職の体系」といって、特定の氏《うじ》、後の世になると、特定の家《いえ》が、役所の職務を世襲的に請け負って運営していく体制が成立します。たとえば陰陽職の場合は、安倍《あべ》家がそれを世襲するようになりました。そうなると、本来は役所の名前であったそれぞれの「職」が、それを継承する氏や家の「持ち分」と見なされるようになります。安倍家は、天皇から陰陽職に任命されたから陰陽道をおこなうのではなく、陰陽職を持ち分としているから陰陽道を司るということになるのです。さらに時代が下ると、特定の氏や家からも独立して、親子の間だけでなく、他人にも譲り渡されたりするようになったのです。

他方の「株」とは、もともとは木の根っこのことです。木を切ったり、林を燃やしたりしても株が残ってさえいれば、春になったらまた芽を出し、再び木になっていきます。それゆえ、「職」の世襲が固定化し、親が死んでもそのまま子に継承されていくようになると、個々の人間の生死を超えて永続的に継承されていく「職」が、まさに木の幹が切られても残り続ける「株」と同一視されるようになったといわれています。そして、「職」がそれ自体がある種のモノであるかのように、ひとびとのあいだで売り買いされるようになると、「株職」、すなわち「株式」という概念が確立するようになったのです。

実際、江戸時代には、旗本《はたもと》や御家人《ごけにん》や名主《みょうしゅ》といった身分が、旗本株や御家人株や名主株として売り買いされていました。もっとよく知られているのは、米問屋や両替商といった商人のあいだで作られた株仲間です。株仲間とは、たとえば米の仲買や金銀の両替にかんする営業を独占していた米問屋や両替商の同業団体です。かれらの営業特権は、仲間株とよばれ、それは商慣習的に発生したものもたくさんありますが、通常は、幕府をはじめとする公権力によって認可されたものでした。仲間株は、はじめは株仲間の一員が死んだり引退しても、息子や身内に譲ることが多く、なかなか自由に売り買いできませんでしたが、時代が下るにつれて、かなり自由に売り買いすることができるようになりました。

ここで注意しなければならないのは、このような株式の制度とは、古今東西あらゆる世界で見られた「売官制度」とはちがうということです。売官制度とは、権力者が自分のふところを肥やすため、あるいは国家の財政を救うために、官位や職務を希望者に売ることです。その場合も、官位や職務は一種のモノとなりますが、その所有権はあくまでも権力者が握っているのです。これにたいして、株式の場合は、その所有権は公権力から切り離され、それを継承している家や個人に帰属しているのです。

このように、株式とは、地位や身分といった社会的な特権、営業許可や製法機密といった経済上の特権を継承していく権利それ自体を一種のモノと見なしたもので、日本では古くからあった概念でした。それゆえ、明治時代に欧米の株式会社制度が導入されたとき、株式という言葉にかんしては、わざわざ新たな翻訳語をつくらなくても、日本人はなんとか理解することができたのでした。じじつ、株式会社という制度は、日本では直ちに普及することになりました。

すこし脱線しました、本題に戻りましょう。

株式会社の基本構造

さて、前述のラーメン屋のような個人企業や八百屋のような共同企業は、第2図に示されていたように、ヒトとモノとのあいだの単純な所有関係の上に成り立っていました。ラーメン屋ならば、店主が個人で店のなかの麺や具を所有しています。八百屋ならば、夫婦が共同で、店のなかの野菜や果物を所有しているのです。ヒトとモノとがはっきり峻別《しゅんべつ》され、ヒトはモノを所有し、モノはヒトに所有されているのです。

たしかに、株式会社として組織されているスーパーマーケット・チェーンも、物理的な視点から眺めてみれば、一方には株主というヒトがおり、他方には会社資産というモノがあり、個人企業や共同企業とちがうところはありません。だが、同じ会社を、所有関係という制度的な視点から眺めなおしてみたところ、それよりもはるかに複雑な構造が、わたしたちの目の前に浮かび上がってきたのです。

第一に、「会社資産」の所有者は、「株主」ではなく、法人としての「会社」です。そして第二に、「株主」とは、この「会社」の所有者でしかありません。ここでは、ヒトである株主とモノである会社資産との関係は、法人としての会社を中間項とした間接的なものにすぎないのです。この関係を整理してみると、第3図のようになります。

すなわち、株式会社とは、株主が法人としての会社を所有し、その法人としての会社が会社資産を所有するという、「二重の所有関係」によって構成されているのです。

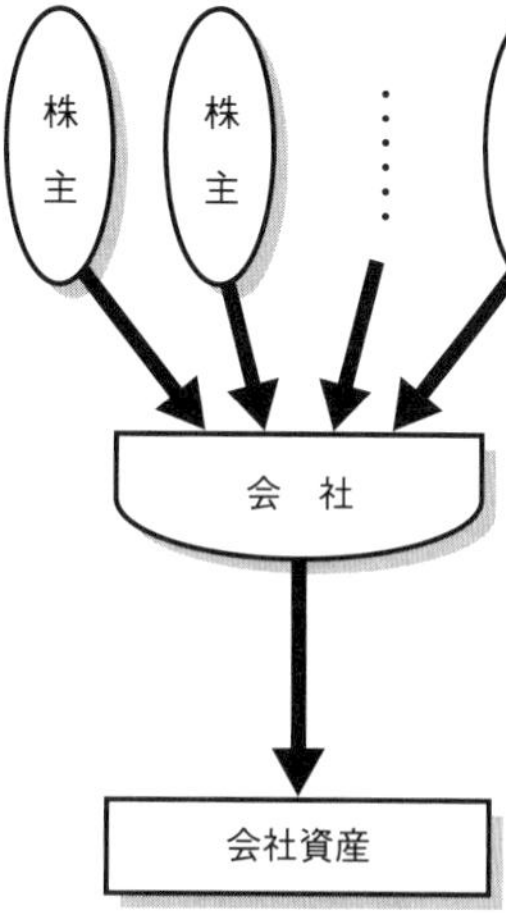

図3: 株式会社の仕組み

　しかも、この二重の所有関係の中間項となっている法人としての会社は、ヒトの役割とモノの役割を同時にはたしていることを、ここで強調しておかなければなりません。法人としての会社は、本来のモノである会社資産にたいしては、所有関係の主体、すなわちヒトとしての役割をはたしており、本来のヒトである株主にたいしては、所有関係の客体、すなわちモノとしての役割をはたしているのです。

　さきほど、法人とは、法律上ヒトとして扱われるモノとして、まさにヒトとモノとの二面性をもっていることを指摘しておきました。ここにいたって、法人のこの二面性がそれぞれどのような役割分担をしているのかが、明らかになりました。法人とは、モノにたいしてはヒトとしての役割をはたし、ヒトにたいしてはモノとしての役割をはたしているのです。

いや、ほんとうに、法人とは不可思議な存在です。そして、その法人を中核に据えている株式会社という仕組みも、ほんとうに不可思議な仕組みなのです。

いずれにせよ、第3図に描かれている「二重の所有関係」こそ、株式会社の基本構造です。この基本構造さえしっかりと把握しておけば、株式会社にかんするすべてのことは、ほぼ自動的に理解できていくはずなのです。

法人の存在理由

法人という制度は、なぜ生まれてきたのでしょうか？

ラーメン屋のような個人企業を考えてみましょう。個人企業といっても、企業活動であるかぎり、ほかの個人や会社とさまざまな契約をむすばなければなりません。大げさに言えば、仕入れ先から材料を仕入れれば、それは仕入れ先と購買契約を結んだことになりますし、お客がラーメンを注文すれば、それも一応はお客と販売契約を結んだことになります。もちろん、お店を借りているならば、家主と賃貸契約をむすばなければなりません。もし、信用金庫からおカネを借りているならば、貸借契約を結ばなければなりません。もしきちっと書かれた契約書があるならば、そのなかには契約の一方の主体として、ラーメン屋の店主の名前が書かれているはずです。ラーメン屋の店主が、個人の資格で、仕入れ先やお客や家主と契約を結んでいるのです。

八百屋のような共同企業の場合も、一見すると、同じであるように見えます。共同所有者である夫婦は、仕入れ先と購買契約を結び、お客と販売契約を結び、家主と賃貸契約を結び、信用金庫と貸借契約を結ばなければなりません。だが、ここで重要なのは、この場合、その契約書には共同所有者である夫婦の名前がともに記載されていなければならないということです。なぜならば、共同企業においては、すべての共同所有者は、むすばれた契約にかんしてそれぞれ等しく権利と義務をもっているからです。それゆえ、もし共同所有者のあいだで争いがあったり、そのうちのひとりが病気や老齢で手を引いたり、あるいは死亡したりすると、原則的にはそれまでの契約は無効になり、新たに契約書を書き直さなければならなくなるのです。それは、共同企業にも、外部の契約相手にも、費用がかかる事態です。

たしかに、夫婦が所有している八百屋のように小規模な共同企業の場合には、このような事態を心配する必要はそれほど大きくはないでしょう。だが、だんだん共同企業の規模が拡大していくと、共同所有者の数も増え、外部との契約関係も複雑になっていきます。そうすると、共同所有者間の内紛や一部の共同所有者の脱落などによって、それまで結んでいた契約書を書き直さなければならなくなる頻度が加速度的に上昇し、そのための費用も加速度的に増加してしまうことになるのです。それは、共同企業と外部との契約関係を、いちじるしく不安定なものにしてしまいます。それによって、外部の個人や企業も、この共同企業と長期的な契約関係をむすぶことを躊躇《ちゅうちょ》するようになってしまいます。

法人とは、まさにこの問題を解決するために導入された法制度なのです。

たとえば、いま一〇人の人間が共同出資をして、共同企業を営んでいるとしましょう。さらに、この共同企業は仕入れ先や顧客や家主や金融機関などと、一〇〇個の契約を結んでいるとしましょう。その場合、一〇人の共同所有者のうちひとりでも反対したり脱落したりすると、それまでの契約が無効になってしまいますから、契約書を書き直す費用はおよそのところ一〇×一〇〇＝一〇〇〇に比例するはずです。第4図は、このことを概念的に描いています。

さて、この一〇人の共同所有者が、共同企業を法人化することにしたとしましょう。それは、新たな一一人目のヒトとして、会社を生み出したことになります。もとの一〇人の共同所有者は、今度は、この会社の株主となるわけです。そうすると、第5図に描かれているように、会社はヒトですから、それぞれの株主とは独立に、自分の名の下にモノを所有することができるようになります。これが、会社資産です。

さらに、会社はヒトですから、やはりそれぞれの株主とは独立に、自分の名の下に仕入れ先や顧客や家主や金融機関などと契約をむすぶことができるようになります。これは、同じく第5図に描かれているように、外部との契約関係を大幅に簡素化します。法人化以前の共同企業のときは、契約書を書き直す費用は一〇×一〇〇＝一〇〇〇に比例していたのに、法人化以降の会社の場合は、それは一×一〇〇＝一〇〇にしか比例しません。これは、契約関係を安定化させ、それによって、外部の個人や企業も、安心して、この会社と長期的な契約関係をむすべるようになるのです。

すなわち、法人とは、共同企業が外部の個人や企業とむすぶ契約関係を簡素化するために導入された、法律上の仕組みにほかならないのです。

ここで第5図をもう一度ながめて、株主から会社に向けて引かれている水平方向の矢印

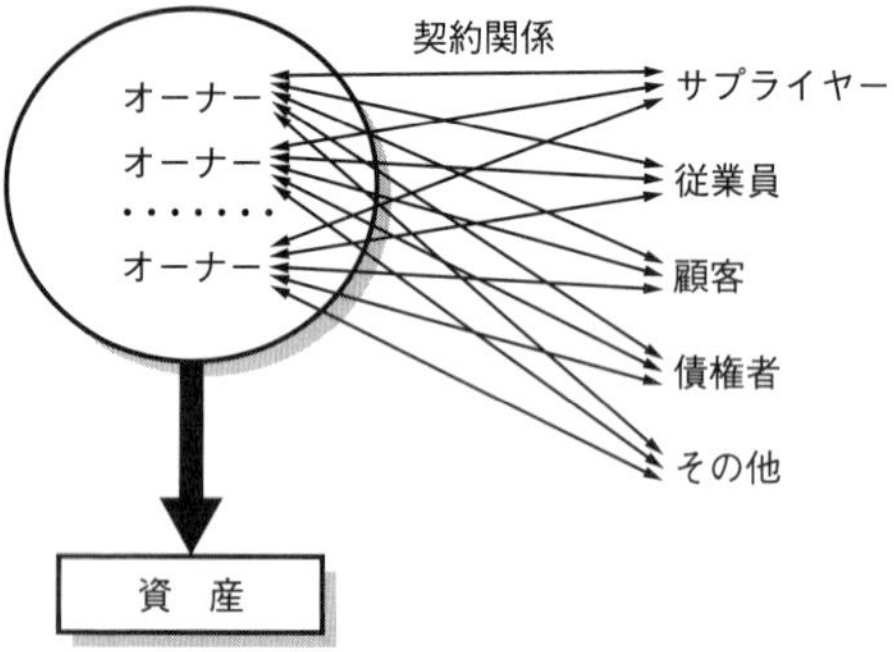

図4: 共同企業

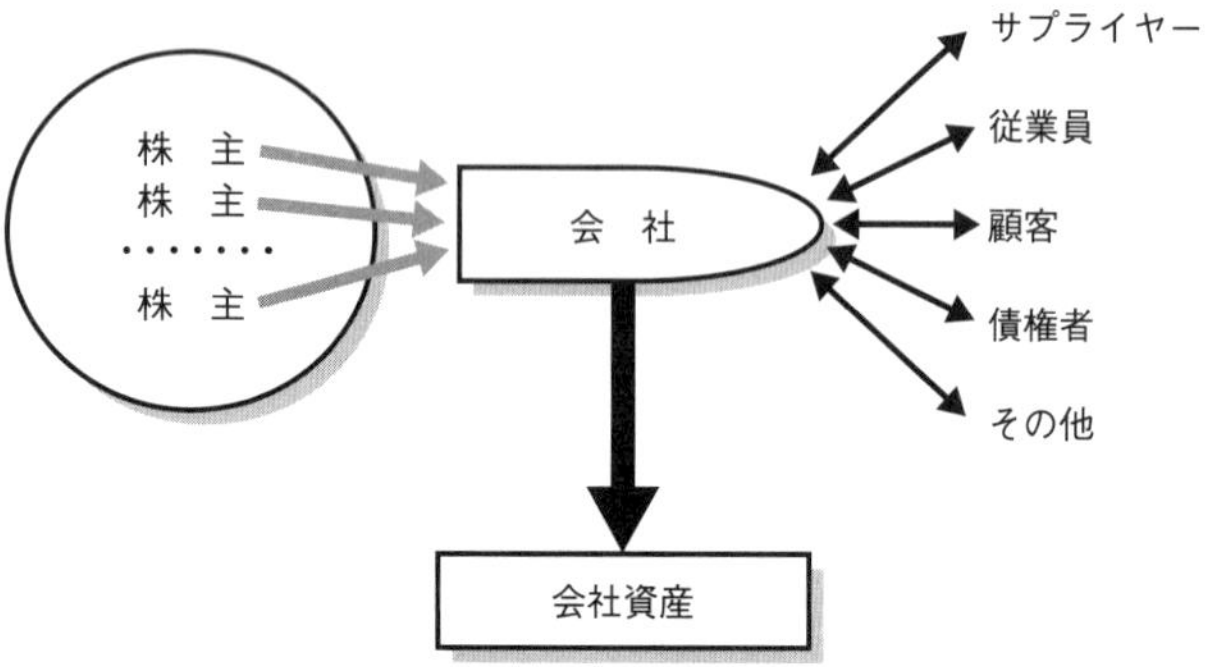

図5: 株式会社

を(株主を表す円形とともに)会社を軸として九〇度ばかり時計回りに回転させてみましょう。そして、八七ページを開いてみます。そうすると、法人の存在理由を説明した第5図は、契約関係をあらわしている右側の両端矢印を無視すれば、じつは、株式会社の基本構造を描いた第3図とまったく同じものであったということが確認できるはずです。すなわち、法人という制度によって、外部との関係が簡素化された企業は、その結果として、内部の構造が複雑化することになったのです。それが、二重の所有関係という株式会社の基本構造なのです。

法人の歴史的起源

法人と類似した概念は、太古の昔からありました。人間が何らかの意味での共同事業を営みはじめると、そこにはかならず法人と似た機能をもつ団体が必要となるからです。現在わたしたちが使っている意味での法人という概念が最初に制度化されたのは、ローマ時代においてだといわれています。しかも、法人という制度を最初に採用したのは、資本主義とは直接関係がない自治都市や植民地でした。そして、中世になると、ヨーロッパにおいて、僧院や大学が法人となり、それと前後して、商業活動や生産活動に従事する同業者の組合（ギルド）が法人という形態をとることになったのです。

かつて学生運動が華やかなりし頃、中世ヨーロッパの自治都市に市民的自由の原型を見る議論が盛んになされました。そのようなロマンティックな思い入れに水をさすようですが、都市自治体とは、英語でいうとMUNICIPAL CORPORATIONあるいはCITY CORPORATIONです。ということは、それは、ほんとうは、自治会社あるいは都市会社と訳すべきものであったのです。いや、言葉の上だけではなく、実際の仕組みとしても、自治都市は現在の株式会社とよく似ています。市民は株主に対応していますし、市の行政機構は会社の経営組織に対応していますし、市長さんは代表取締役社長の役割をはたしていました。そして、当時の都市自治体においては、税金を納める少数の富裕な人間しか市民と見なされませんでしたから、少なくとも建前としては直接民主制がおこなわれており、間接民主制にもとづく現代の都市自治体よりは、株主の全員参加を建前とする現代の株式会社のほうにはるかに似ているのです。

都市の市民は、さまざまな自由をもっていました。それは、ローマ時代だったらローマ皇帝、ヨーロッパ中世であれば封建領主から市民自治の特権を与えられていたからです。その特権のなかには、領主に税金を払わなくてもよいという特権がふくまれていることもありました。

では、なぜ都市自治体が法人になる必要があったのでしょうか。都市の市民が、領主との抗争の末、税金を払わなくてもよいという特権を勝ち取ったとします。もちろん、その特権を明文化するために、領主と契約をむすぶことになります。だが、領主との契約書はいったいだれが署名すべきなのでしょうか。本来ならば、すべての市民ですが、それは不可能です。そこで市長が市民を代表して署名したとします。でも、その市長が死んでしまったときに、どうなるでしょうか。契約とは、あくまでも契約した本人の自己責任にもとづいてむすばれるものです。契約した本人が死んでしまったら、原則的には、効力を失います。それゆえ、市民は困ってしまいます。市長が交代するたびに、自治特権をめぐって領主と交渉し直さなければならないのではたいへんです。

そういう時に考えだされた制度が「法人」だったのです。都市をたんなる市民の集合体としてではなく、それ自体がヒトとしての資格をもつ存在とみなし、市長が契約書にサインするときは、市長個人としてではなく、法人としての都市を代表する存在としてサインをする。そうすると、法人としての都市は個々の市長、いや個々の市民の生命を超えた存在となり、いくら市長が交代しても、領主との契約は継続され、市民自治が維持されることになるわけです。

同じような例としては、僧院があります。偉いお坊さんがいて、心酔したまわりの人がそのお坊さんに土地や建物を寄進して僧院が設立される。寄進された土地ではさまざまな食べ物が作られ、僧院で生活する多数の僧侶の生活を支えることになります。しかも、これらの土地は宗教的な目的で寄進されたので、封建領主も税金をとりたくない。そんなことをしたら自分も天国へ行けなくなってしまうからです。

ところが、問題は都市自治体と同じで、その偉いお坊さんが死んでしまったらどうするか。寄進された土地があり、それで食べている僧侶がたくさんいる。そこで、免税の特権を、お坊さん個人に与えるのではなくて、僧院そのものをそれ自体がヒトとしての資格をもつ存在とみなして、法人としての僧院に与えるようにするわけです。

このように、はじめは経済とは関連の薄いところで法人という仕組みは使われていたのですが、一二世紀以後、ヨーロッパで経済活動においても徐々に法人という仕組みが使われるようになっていきました。イタリアの貿易商人たちが海外と遠隔地貿易をするために船団を組むとき、船団そのものを法人として扱うというような例が出てきたのです。

資本主義の発達につれて、法人という制度は、経済活動のなかに浸透していきます。決定的なのは、一六世紀の後半から一七世紀の初めにかけて、地球規模で遠隔地貿易を進めていったオランダやイギリスの東インド会社です。ここで、現代的な意味での株式会社が成立したといわれています。

それにしても、考えれば考えるほど、法人とは不可思議な存在です。近代の市民社会の出発点は、ヒトとモノとの峻別でした。ヒトはモノでなく、モノはヒトでない。そして、その近代的市民社会を最初につくりあげた西欧社会は、資本主義の要請に応えて、法人という古くからある制度から株式会社という精妙な仕組みを作り上げました。だが、この近代市民社会の申し子とでもいうべき会社という仕組みがその中核に据えている法人とは、ヒトとモノとの峻別という、まさに近代市民社会の前提条件そのものを揺り動かしてしまう存在なのです。ここに、近代市民社会の大いなる矛盾のひとつがあるのです。

株式会社の公共性

ところで、さきほど、法人の存在理由とは、共同企業が外部の個人や企業とむすぶ契約関係を簡素化することである、と述べました。そして、いましがた、法人の歴史的な起源は、実際に、都市や僧院といった団体が封建領主とむすぶ契約関係を簡素化することにあったということを見てきました。

じつは、これらのことは、法人が本質的に公共的な存在であるということを意味するのです。

たとえば、一〇人のヒトが集まって何らかの目的のために団体を作ったとしましょう。その一〇人がおたがいのあいだで合意して、いくら精妙な契約書を作成しても、それだけではその団体は一一人目のヒトとして振る舞うことはできません。そのためには、他者による承認が絶対に必要なのです。当たり前のことですが、仕入れ先やお客や家主や金融機関が、その団体を、一〇人の構成員とは別に、それ自体で資産を所有している存在であると認めてくれなければ、購買契約も販売契約も賃貸契約も貸借契約もむすぶことはできません。

すなわち、ひとつの団体がたんなるヒトの集まりとしてではなく、それ自体がひとりのヒトとして機能するためには、他者による承認、もっと一般的には「社会による承認」が不可欠であるのです。ただ、社会とはつねに気まぐれです。社会による承認は、いつなんどき消えてしまうかもしれません。法人という制度は、まさにこのような社会による承認を安定させるために、国家がそれを法律によって制度化したものにほかなりません。

　それゆえ、法人とは、個人と個人とのあいだの契約によって作られたたんなる「私的」な存在ではないのです。それは社会の承認にその存在を負っているという意味で、本質的に「公共的」な存在であるのです。

　よく会社の経営者が、会社は「社会の公器《こうき》」であると述べたりしていますが、それはけっして的はずれな言葉ではないのです。

第三章　会社の仕組み

株主の有限責任制

前章で見てきたように、株式会社とは、株主が会社をモノとして所有し、その会社がヒトとして会社資産を所有しているという二重の所有関係を基本構造としています。この基本構造さえしっかりと把握しておけば、株式会社がもつさまざまな性質は、ほぼ自動的に理解できていくはずだと述べておきました。

最初に取り上げるのは、株主の「有限責任制」です。なぜならば、多くの会社法の教科書においては、この有限責任制こそ、株式会社を古典的な企業と区別させる最大の特徴であると書いてあるからです。

ラーメン屋のような個人企業では、経営がうまくいかず倒産してしまったとき、債権者はラーメン屋の店主の資産をすべて差し押さえることができます。店主は企業の所有者

（オーナー）です。個人企業がその経営によってかかえた借金にたいしては、その企業が使っている資産だけでなく、その所有者個人が所有している資産全部も差し押さえの対象になってしまうのです。これが、法人化されていない企業におけるその所有者の「無限責任制」といわれていることです。ただし、個人の資産全部を差し出しても借金がまだ残っていれば、その個人は破産宣告されてしまい、借金は消滅してしまいます。だから、無限責任といっても、それはあくまでも理論的な話であって、現実には有限の責任しか負えないわけですが。

共同企業の場合も基本的には同じです。夫婦が共同で所有している八百屋の場合、実際の経営をやっていたおかみさんの失敗によって倒産してしまったとしても、そして夫婦が住んでいる家がだんなひとりの名義であっても、それは借金のかたに差し押さえられてしまう。すでに述べたように、共同企業がむすぶ契約関係にかんするすべての権利も義務も、共同所有者が等しく負うことになるのです。これは、夫婦の場合でなくても、共同企業の共同所有者すべてに当てはまる原則です。ひとりが失敗して借金を負っても、その借金はほかのすべての共同所有者の無限責任になるのです。

ここには何の不思議もありません。個人企業や共同企業のような古典的な企業においては、企業の資産は所有者個人の資産です。そこでは、定義上、企業の資産と所有者個人の資産とのあいだには区別がないのです。

ところが、それが株式会社となると、話が変わってきます。

株式会社においては、会社資産の所有者は、株主ではなく、法人としての会社です。株主は、法人としての会社をモノとして所有しているにすぎないのです。そして会社が借金をするとき、貸借契約の契約主体になるのは、やはり株主ではなく、法人としての会社なのです。

株式会社の経営が行き詰まり、倒産してしまったとしましょう。そのとき、借金の返済責任を負うのは、当然、貸借契約の主体である法人としての会社であって、株主ではありません。債権者が借金のかたに差し押さえられるのは、貸借契約の主体としての会社が所有している資産だけであって、株主の資産ではないのです。ここでは、会社の資産と株主個人の資産とのあいだには、厳然たる区別が引かれているのです。そして、まさにそれだからこそ、前章において、自分が株主であるスーパーマーケットのリンゴをかじった動物愛護運動の活動家が、窃盗罪で逮捕されてしまったのです。

もちろん、会社が倒産すれば、株主の所有している株式の価値はゼロになってしまいます。だが、それ以外は、会社がどれだけ大きな借金を負っていたとしても、株主は返済責任を負う必要はまったくありません。

これが、株主の「有限責任制」といわれていることです。従来の会社法の教科書には、多くのページが割《さ》かれた小難しい説明がありますが、ここには何の不思議もありません。株主の有限責任制とは、株式会社の基本構造の必然的な帰結なのです。それは、株式会社が所有の二重関係によって成立しており、そのなかには株主と会社という二種類のヒトがいるという事実を、たんに貸借契約の観点から言い換えたにすぎないのです。

企業の経営者

次に、古典的な企業の経営者と株式会社の経営者のちがいについて、述べてみましょう。

個人企業や共同企業といった古典的な企業では、原則的には、オーナー(所有者)自身が企業の経営をおこないます。なぜならば、すでに何度も述べたように、モノを所有することは、そのモノを全面的に支配する権利をもつということです。それは、企業においては、その企業を自由に経営する権利をもつことにほかなりません。

しかし、個人企業でも共同企業でも、オーナーが年をとったり、病気になったり、またはたんに経営が好きでなかったり、経営が得意でなかったりすると、ほかの人間に経営活動をまかせることになります。

その場合、オーナーと経営者との関係は、法律の用語では、「代理」という関係、より詳しくは「任意代理」という関係になります。原則的にはオーナー自身が経営活動をすることも可能なのですが、さまざまな理由によって、オーナー自身の意思で別の人にその活動を代わってもらうというわけです。その際、基本的には、オーナーと経営者とのあいだには「委任契約」という契約がむすばれることになります。わたしは誰々に自分の所有する企業の経営を委任し、その代理権を付与するという契約書、俗にいう委任状を書くのです。この委任状によって、経営者がおこなったことは、委任された事柄の範囲内であるかぎり、すべてオーナーがおこなったことと見なされることになります。

ところで、委任状には、委任する側のオーナーのみが署名をし、委任される側の経営者の署名は必要ではありません。それは、委任契約においては、委任する側の意思の存在が必要不可欠であることを意味しているのです。オーナーは、自己の責任において、経営者に経営を任せているのです。もちろん、委任された経営者の方も、当然、自分の意思で経営をおこなっているはずです。ここにあるのは、双方ともみずからの意思によって結んだ契約関係なのです。それは、まさに私的自治の原則にもとづく民法の世界のなかの出来事であって、国家が直接に介入する余地はありません。なにかトラブルが発生しても、それはすべて民法によって裁かれることになります。

ところが、それが株式会社になると、やはり話が変わってきます。

会社の経営者

株式会社においては、会社の資産を所有しているのは、法人としての会社です。会社が外部の個人や企業と契約をむすぶとき、その契約の主体も法人としての会社です。だが、当たり前のことですが、法人は、いくら法律上のヒトであるといっても、現実のヒトではありません。それは、考えることはもちろん、見ることも聞くことも話すことも書くこともできない、握手することも歩くこともできない、まったくの観念的な存在でしかありません。現実には、なんの経営活動も可能ではないのです。

したがって、法人としての会社が現実の社会でヒトとして経営活動をおこなうためには、会社の名の下に、実際に資産を運用したり、ほかと契約を結んだりする生身のヒトが絶対に必要となるのです。このように、会社のために、会社に代わって経営をおこなうヒトのことを、株式会社の「代表役員」とよびます。

じつは、法人には、ほかにもいろいろ種類があります。法人のそもそもの起源が経済組織ではなかったことを、思い出してください。すなわち、法人には、利潤の追求を目的とした会社だけではなく、農協や生協や労働組合のように利潤は追求していないが構成員の利益を目的としている中間法人や、学校や宗教団体や医療機関のように公益を目的とした公益法人、さらには芸術や学術などの目的のために寄付された財産を法人と見なした財団法人などがあります。（NPO法人については、第九章で簡単に触れます）。たとえば、多くの美術館は財団法人として組織されていますが、そこにはかならず「理事」をおかなければなりません。美術館は、たくさんの貴重な作品を管理しなければなりませんし、新たな作品を購入するためには契約書を作成する必要があります。その際、会社における代表役員と同じ役割をはたすヒトが絶対に必要になりますが、それが理事なのです。

より一般的には、法人のために、法人に代わって意思表示や行動をするヒトのことを「代表機関」といいます。ここで、「機関《きかん》」という言葉が、「器官《きかん》」という言葉とまったく同じ発音であることに注意してください。これは、偶然ではありません。機関も器官も、もともとはＯＲＧＡＮという言葉の翻訳です。明治時代に、だれか頭の良い人間が、それを二つの同じ発音をもつ言葉に訳し分けたにすぎないのです。すなわち、代表役員や理事といった法人の代表機関は、法人の頭や目や耳や口や手足といった器官の代わりをする存在であるわけです。それによって、ほんらいは観念的な存在でしかない法人を、あたかも肉体をもったヒトであるかのように現実社会のなかで振る舞わせる役割をはたしているわけです。彼らは、ちょうど、人形浄瑠璃における人形遣いであるのです。

じじつ、旧来の会社法では、会社は「代表役員」（正確には「代表取締役」）をもたなければならないと規定してありました。（じつは、二〇〇六年に施行された新会社法では、話がだいぶややこしくなっており、以下のような構造になっています。すべての会社は取締役を少なくとも一人置かなければなりません（三二六条）。小さな会社の場合は、取締役全員が会社を代表する代表役員の役割を実質的にはたすことになります（三四九条）。少し大きい会社の場合は、必ずしも取締役全員が代表権をもたず、その中から代表権をもつ「代表取締役」を選ぶことが多く（三四九条3および4）、上場会社などの大会社になると、三人以上のメンバーを持つ「取締役会」なるものを必ず設置しなければならなくなり、その中から代表取締役を選ぶことが義務づけられています（三二七条、三六二条2の三）。ただし、一三〇ページ以下で説明する「委員会設置会社」となった会社においては、代表取締役の代わりに「代表執行役員」が会社を代表して経営を行うことになります。この場合、取締役との間の代表権の配分が若干曖昧になっています。以下では、話を簡単にするため、代表権を持つ経営者をすべて「代表役員」と呼んでおくことにします）。

さて、会社法では代表役員の数を制限していませんので、一つの会社には、ふつう、社長のほかに、副社長、専務取締役、あるいはアメリカ流だとCEO、COO、CFOといったわけのわからない肩書きをもつ、複数の代表役員が置かれています。また、取締役会の会長も多くの場合、代表役員をつとめています。これに加えて、通常は、代表権をもたない取締役あるいは執行役なども存在し、代表役員から権限を一部委任されて、会社の日常的な経営を担当しています。株式会社の「経営者」といえば、おおよそこれらの人々のことを指すことになるのです。

ここで重要なことは、株式会社には経営者の存在が絶対に必要であるということです。経営者がいなければ、株式会社は現実の社会において、ヒトとして機能できないのです。

ここに、個人企業や共同企業の経営者と株式会社の経営者とのあいだの、決定的なちがいがあるのです。

古典的な企業においては、経営者はいなくてもいい。そして、仮に経営者がいるとしても、古典的な企業の経営者とは、企業のオーナーがみずからの責任で経営を任せている存在でしかありません。経営者とはオーナーの代理人であり、オーナーとの契約によって経営者という地位をえているのです。古典的企業のオーナーは、経営者が気に入らなければ、即座にやめさせて、いつでも自分自身で会社を経営することができるはずです。

これにたいして、株式会社に経営者がいるのは、株主との契約によってではないのです。それは、会社法という法律が、会社は経営者をもたなければならないと定めているからなのです。

こういうと、すぐ反論があるでしょう。株主は株主総会の決議によって、経営者をクビにすることができるはずだ、と。また、同じく株主総会の決議によって、経営者が作成した経営方針や、経営者が結んだ契約を反古《ホゴ》にすることができるはずだ、と。

たしかに、株主は現在の経営者をすべてクビにすることもできます。だが、たとえ株主総会の総意であったとしても、経営者の存在そのものをなくすことはできないのです。たしかに、株主は経営者の重要な意思決定をくつがえすことはできます。だが、たとえ株主総会の総意であったとしても、経営者が会社を代表して経営をおこなう権限そのものをなくすことはできません。株主が望むと望まないとにかかわらず、株式会社には経営者が存在しなければならないのです。

それでは、株式会社の経営者が、委任契約にもとづく株主の代理人でないとしたら、いったい彼らは誰の何なのでしょうか?

その答えは――株式会社の経営者とは、会社の「信任受託者」であるのです。

ここで、とつぜん、「信任」という言葉が登場しました。(「受託者」という言葉は説明はいらないでしょう)。では、この「信任」とはどういう意味なのでしょうか?

信任について

信任とは、英語のＦＩＤＵＣＩＡＲＹに当たる日本語です。それは、別の人のための仕事を信頼によって任されていること、と定義されます。法律の教科書では普通「信認」と訳されていますが、ここではより意味に忠実な信任という言葉を使っておきましょう。(信任という概念についての詳しい議論は、たとえば樋口範雄《ひぐちのりお》『フィデュシャリー「信認」の時代――信託と契約』(有斐閣、一九九九)などを参照してください)。

重要なことは、信任とは契約と異質の概念であるということです。

たとえば無意識の状態で運ばれてきた患者を手術する医者を考えてみましょう。この患者は自分で医者と契約をむすべません。だがそれにもかかわらず、救急病棟に詰めている医者は、まさに医者であることによって、患者のために手術をおこないます。ここでは医者は、患者の生命をまさに信頼によって任されています。すなわち、患者の信任を受けた信任受託者です。

世のなかには、このほかにも未成年者や精神障害者や認知症老人など、法律上あるいは事実上、契約の主体となりえない人間はたくさんいます。彼らのために財産管理などをする後見人は、やはり信任を受けている信任受託者です。

いや、医者と通常の患者との関係においても、信任という要素が入り込んでいます。なぜならば、医者と患者との間には、医療知識にかんして大きな開きがあるからです。たとえ契約書が交わされていたとしても、医者がおこなう治療の内容を患者が理解できる形ですべて特定化することは不可能です。仮に特定化できたとしても、それが実行されたかどうかを患者が確認することは不可能です。いくら患者が明晰な意識をもっていても、少なくとも部分的には、医者は患者の健康や生命を信頼によって任されてしまうことになるのです。

同じことは、弁護士や技師や教師や会計士やファンド・マネージャーといった高度の専門知識をもつ専門家が他人のためにおこなう仕事にかんしてもいえます。一般に、形式的には契約関係であっても、当事者の間で知識や能力に大きな格差があるかぎり、そこでは信頼によって一定の仕事を任されるという要素が必然的に入り込んでくるのです。

信任という言葉は、イギリスやアメリカではよく使われますが、日本では日常的にほとんど耳にしない言葉です。だが、ますます専門化がすすんでいる現代資本主義のなかで、信任の関係は契約関係と並んで、市民社会を構成する人間関係のもっとも大きな柱となりつつあるのです。

すでに明らかでしょう。会社の経営者や財団の理事といった法人の代表機関も、法人にたいして信任の関係におかれているのです。当たり前のことですが、法人とは、救急病棟に運ばれた無意識の患者と同じように、法律上はれっきとした契約の主体ですが、事実上は契約をむすぶ能力をまったくもっていません。その法人のために、法人に代わって意思表示や行動をする法人の代表機関とは、必然的に、法人の信任を受けた信任受託者となっているわけです。（じつは、会社法三三〇条と四〇二条には、会社と取締役あるいは執行役員との関係は「委任に関する規定に従う」という条項がありますが、これは混乱を生み出すだけの条項です）。

コーポレート・ガバナンスと信任義務

最近、「コーポレート・ガバナンス」という言葉を、新聞や雑誌で見かけることが多くなりました。それは、CORPORATE GOVERNANCEという英語をそのままカタカナにしたもので、「会社統治機構」とでも訳すべき言葉です。「企業統治機構」と訳されることがありますが、それでは、これから述べるような、企業の統治と会社の統治とのあいだの本質的なちがいがわからなくなってしまいます。じつは、そもそもコーポレート・ガバナンスとは何を意味するのかについて、学者のあいだでも意見が大きく分かれていいます。ここではとりあえず、株式会社が効率的に経営されるためには、経営者の仕事をどのようにコントロールすべきかという問題であると、簡単に定義しておきましょう。この定義は、もっとも狭いコーポレート・ガバナンスの定義であると思います。

個人企業や共同企業の場合、経営者の仕事をどのようにコントロールすべきかという問題は、本質的に単純です。なぜならば、古典的な企業においては、オーナーはみずからの意思によって経営者と委任契約を結んでいるからです。それゆえ、問題は、企業のオーナーが、アメとムチとを最適に組み合わせた契約書を作成する能力があるかどうかに帰着します。ここでいうアメとは、経営者のヤル気を引き出すために、その報酬を企業の利益と連動させたりするボーナス制度などのことです。ムチとは、経営者の仕事の精励《せいれい》ぶりのチェックや怠慢が見つかったときの罰則などのことです。いずれにせよ、ここでは、すべてが企業のオーナーの手腕に依存しています。一般に、契約関係とは、自己利益の追求を前提としてむすばれたものです。それがどのような結果を生もうと、それは自己の責任において処理されるべきものです。原則的には、国家が介入する余地はありません。

これにたいして、株式会社の経営者は、株主の委任を受けた代理人でなく、会社の信任を受けている信任受託者です。その仕事のコントロールは、古典的な企業の場合に比べて、はるかに複雑な仕組みを必要とするのです。

ところで、信任の関係とは、それがまさに信頼によって支えられていることから、怠慢や濫用の危険に必然的にさらされることになります。無意識の患者を手術する医者は、さぼろうと思えば、いくらでもいい加減な手術ができます。悪意をもてば、いくらでも人体実験ができます。

株式会社の経営者も同様です。なにしろ、会社それ自体は観念的な存在にすぎないのですから、経営者がさぼろうと思えば、いくらでもいい加減な経営ができます。なにしろ、経営者が経営者としておこなったすべてのことはそのまま会社がおこなったことと見なされますから、悪意をもてば、いくらでも会社を私物化できます。いや、たとえ悪意をもたなくても、同一の経営者が長く経営を続けていると、あたかも会社が自分のものであるかのような錯覚をもちはじめてしまうのは、ごく自然なことです。

それでは、このような信任受託者の怠慢や濫用は、いったいどのようにしたら防ぐことができるのでしょうか?

まず言えることとは、契約によって信任受託者の仕事をコントロールすることが不可能であるということです。その理由は簡単です。信任関係の当事者のあいだでむすぶ契約は、基本的には信任受託者の「自己契約」になってしまうからです。無意識の患者を手術する医者は、その気さえあれば、いくらでも自分に都合のよい契約書を作ることができるはずです。法人としての会社がむすぶ契約はすべて経営者を通してしかむすべないわけですから、経営者の行動をコントロールするために会社と経営者がむすぶ契約は、実質的には経営者が自分自身とむすぶことになってしまいます。経営者は、もし自己利益の追求のみを考えているならば、いくらでも自分に都合のよい契約書を仕立て上げてしまいます。

自己契約は契約として無効である——これは、法律の大原則のひとつです。信任関係を契約によってコントロールする試みは、必然的に自己契約という要素をもってしまうという、本質的な矛盾をはらんでいるのです。いや、じつは、まさにそこに、契約とは異なった法律概念としての信任という概念の存在理由があるのです。

それゆえ、信任関係の維持には、自己利益の追求を前提とした契約関係とはまったく異質の原理を導入せざるをえません。それは、ほかでもない、「倫理」です。

当たり前のことですが、信任を受けた人間がすべて倫理感にあふれていさえすれば、信任関係は健全に維持されます。それゆえ、歴史的には多くの専門家集団がみずからに職業倫理を課してきたのです。たとえば医者の場合、「わたしは能力と判断の限り、患者に利益すると思う養生法をとり、悪くて有害と知る方法を決してとらない」というあの有名なヒポクラテスの誓いの存在が、患者との信任関係を維持していく上で大きな役割をはたしてきたことは、よく知られています。

だが、不幸にして、人間の倫理感とは希少な資源です。それは、万人が等しく所有しているわけではありません。じじつ、倫理感の欠如した医者が、患者を人体実験に使った例は、歴史上枚挙にいとまがありません。いわんや、会社を食い物にした経営者にいたっては、数知れません。それゆえ、信任関係を維持するためには、自由放任の原則を取り払い、法律による厳格な規制が必要とされるのです。

すなわち、双方の自由な合意の結果として成立する契約関係においては、国家の介入を極力排除するのにたいし、一方から他方への一方的な倫理性を要求する信任関係においては、司法を中心とした国家の介入が不可欠であるのです。

信任に関する法律は日本ではまだ未整備で、もっぱら信任関係のひとつである信託にかんする法律を援用していますが、一般には、その中核には、信任受託者が自動的に負うことになる「信任義務」なるものが置かれています。医者は医者、弁護士は弁護士、ファンド・マネージャーはファンド・マネージャー、後見人は後見人、会社経営者は会社経営者、財団理事は財団理事として、第一に、自己の利益ではなく、信任関係の相手の利益にのみ忠実に仕事をおこなうこと、第二に、その仕事はそれぞれの立場に要求される通常の注意を払っておこなわなければならないことが義務づけられています。第一の義務は、「忠実義務」、第二の義務は、「注意義務」とよばれていますが、それぞれ信任関係にともなう濫用の危険と怠慢の可能性を排除しようというものです。そして、どちらの義務も、程度の差はあれ、信任受託者に一種の倫理性を課しているのです。信任義務には、このほかにも数多くの義務がふくまれているのですが、そのなかでももっとも中心的なのはこの二つの義務です。

ここで重要なことは、信任義務とは、たんなるお題目であるのではなく、法的な強制力をもった規定であるということです。それは、「強制法規」として、「任意法規」である契約に優先することになります。なぜならば、先ほども述べたように、信任関係を契約によって律する試みは必然的に自己契約の要素をふくんでしまうからです。それゆえ、たとえ信任義務を要求しない旨を記した患者の誓約書や会社の定款《ていかん》があったとしても、それは効力をもちません。ひとたび信任受託者になることを引き受けた人間が信任義務を怠ってしまうと、そのような契約や定款の存在にもかかわらず、それは違法行為として司法の手で裁かれることになるのです。有罪になれば、経営者はみずからの怠慢や濫用が会社にあたえた損害を賠償しなければなりませんし、悪質だとみなされれば、背任罪に問われて、刑務所に入れられることになるのです。

このような経営者が会社にたいして負う忠実義務と注意義務こそ、コーポレート・ガバナンスの中核です。それらは、まさに経営者が「社会の公器」としての会社のいわば生命を預かっている存在であることから生じてくる、倫理的な義務にほかならないのです。忠実義務は会社法に、注意義務は民法に規定されています。

株式オプションとアメリカ型コーポレート・ガバナンス

近年、日本のマスコミで、経営者にたいする報酬としての株式（ストック）オプションが話題になっています。

株式オプションとは、将来の決められた日時にあらかじめ決められた金額で会社から株式を購入する「権利」のことです。たとえば二〇一〇年の一月一日に一万円で権利を行使できる株式オプションを、経営者がもっているとします。もし、会社の業績が順調で、二〇一〇年になったときに株価が一万五〇〇〇円にあがっていれば、よろこんでオプションの権利を行使して、会社から一万円で株式を買います。その株式を直ちに市場で売れば、一万五〇〇〇円－一万円＝五〇〇〇円が利益となるからです。運悪く株価が一万円を割っていれば、オプションの権利を行使しなければよいのです。その場合は、なんの利益も得られませんが、なんの損失もこうむらないわけです。つまり、株価が上がればおおいに儲かり、株価が下がっても損をしないというのが、株式オプションのミソです。

近年、この株式オプションが大きく話題になっているのは、それがアメリカにおいて、コーポレート・ガバナンスのもっとも有効な手段として、経済学者や経営者によって喧伝《けんでん》されてきたからなのです。そして、この日本でも、それに刺激されて、株式オプションの制度を使い勝手のよいものにするための法整備が急速に進められてきています。

一九三二年、すでに古典となった『近代株式会社と私有財産』（北島忠男訳、文雅堂書店、一九五八）という書物のなかで、法律家のアドルフ・バーリと経済学者のガーディナー・ミーンズは、「所有と経営の分離」の問題を指摘しました。アメリカにおける大会社の株式は無数の大衆株主の間に分散され、その経営は株式をほとんど所有していない専門的な経営者によって支配されるようになったというのです。経営者は、自分の名声や権力を求めて無駄な投資をしたり、失敗を恐れて保守的な経営に終始したり、悪質な場合は、会社の財産を盗んでしまうかもしれません。すなわち、専門的な経営者による「株主主権」の簒奪《さんだつ》です。そこで、所有と経営が分離しているなかで、いかにすれば「株主主権」を取り戻し、専門的な経営者が株主の利益に忠実な行動をとるようにできるのかという問題が提示されたのです。これが、アメリカにおけるコーポレート・ガバナンス論の始まりであったのです。

アメリカにおいても、当初のコーポレート・ガバナンス制度は、基本的には先に論じた信任法にもとづくものでした。すなわち、経営者にたいして、忠実義務や注意義務といった信任義務を課し、主として司法によってその行動を律しようとしていたのです。だが、一九七〇年代の後半に入り、レーガン政権の誕生とともに急速に拡がった自由放任主義的な風潮に呼応して、アメリカにおけるコーポレート・ガバナンス制度が大きく変化することになりました。

その発想はじつに単純明快です。「所有と経営の分離」が「株主主権」を骨抜きにしているのならば、「所有と経営の分離」をなくせばよい。すなわち、経営者を株主にしてしまえば、自動的に「株主主権」は復活する。いや、すくなくとも経営者の報酬を株式価格と連動させてしまえば、経営者はたんに自己の利益を追求するだけで、そのまま株主の利益をも増進するようになる。とくに株式オプションの形で報酬をもらうようになれば、株価を上昇させるために誠心誠意努力するはずだというわけです。

「わたしたちは、彼らの博愛心にではなく、彼らの自己愛に訴えるのである」。これは、『国富論』のなかのアダム・スミスの言葉です。資本主義社会においては、自己利益の追求こそ、社会全体の利益の増進をもたらすという主張です。これ以降のアメリカのコーポレート・ガバナンスの基本理念は、まさにこのアダム・スミスの思想に忠実に、経営者を倫理性への配慮からすべて解放してしまうことになったのです。

実際に一九八〇年代から、経営者の報酬を、株価と連動したボーナスや株式オプションの形で支払う会社が、アメリカ国内で急速に増加するようになりました。その結果、アメリカの経営者の報酬は、ここ二〇年のあいだに、考えられないほど高くなってしまいました。日本の場合、社長と従業員の報酬の差というのは、税引き後だと平均して一二倍ぐらいだといわれています。アメリカの場合、一九五〇年代には二〇倍くらいで、それでも高いといわれていました。ところが、最近の『ビジネス・ウィーク』誌によれば、一九九〇年には、それが八五倍にまで上昇しており、二〇〇〇年には、なんと五三一倍にまで跳ね上がってしまったというのです。驚くべき自己愛の発現です。そして、まさにこのような経営者による自己利益の追求をテコとして、アメリカの資本主義は、あたかも「見えざる手」に導かれるようにして、長期にわたる繁栄を謳歌することができたのです。

いや、つい最近まで、謳歌できていたように見えていたのです。

エンロン事件とアメリカ型コーポレート・ガバナンスの破綻

二〇〇一年一二月、エンロンという会社が、それまでの記録を塗り替える大型倒産をしました。エンロンとは、金融デリバティブの手法をエネルギー取り引きに応用して、またたくまに成長をし、一時はアメリカで七番目に大きい会社にまでなった大手のエネルギー商社でした。取締役会にスタンフォード大学の教授をはじめ多数の社外取締役を招き、アンダーセンという有名会計事務所に財務監査を委託していたその経営監視体制は、アメリカ型のコーポレート・ガバナンスの模範ケースであるとまで言われていたのです。

ところがこのような監視体制にもかかわらず、エンロンの経営者は会社の利益を膨らます大規模な粉飾決算をおこなって株価を吊り上げ、巨額のボーナスを受けとっていました。そして不正が発覚しそうになると、会計事務所と共謀して証拠書類を隠滅してしまったのです。さらに彼らは、不正が公になる寸前まで従業員には各自の年金を自社株で運用するよう薦める一方、自分たちが所有していた自社株オプションの方は売り逃げていたのです。それによって創業者のレイ氏などは一億二三〇〇万ドル(一四四億円!)もの利益を得たのにたいし、従業員の多くは職を失っただけでなく、蓄えてきた年金も失ってしまうことになりました。そして、粉飾された利益情報を信じていた他の多くの株主の手元にも、紙クズとなった株券が残されただけでした。

その後、次々と有名会社の粉飾決算が発覚し、翌二〇〇二年七月にはIT革命の寵児《ちょうじ》としてもて囃《はや》されてきた通信大手のワールド・コムが、やはり粉飾決算の発覚が引き金となって史上最大規模の破産申請をしました。

ついこの間までグローバル標準として世界を制覇しつつあったアメリカ型のコーポレー

ト・ガバナンス制度への信頼が一挙に失墜しました。株式市場は動揺し、ドル安が進行し始め、世界同時不況の可能性がささやかれたことは、まだ記憶に新しいことだと思います。

なぜ、このようなことになってしまったのでしょうか？

それは、アメリカ型のコーポレート・ガバナンス制度が、本質的に矛盾した制度であるからなのです。

まず第一に、わたしは次の第四章で、それが錦《にしき》の御旗《みはた》にしてきた「株主主権」は、かならずしも普遍性をもっていないことを示してみたいと思っています。そのことは、第二章でスーパーマーケット・チェーンの株主が店内のリンゴをかじって逮捕されたことから、すでに予想されたことであるかもしれません。

それだけではありません。第二に、この第三章でこれまで展開してきたコーポレート・ガバナンス論が明らかにしたのは、経営者を倫理性から解放したアメリカの制度は、古典的な企業のガバナンスと株式会社のガバナンスとが本質的にちがうものであるという事実を無視した、理論的な誤謬であるということです。実際、それは、コーポレーション（株式会社）を破滅に導くのにもっとも確実な方法であるとすら言えるのです。

古典的な企業の場合は、経営者はオーナーの代理人です。オーナーは、みずからの意思で経営者と契約を結んでいます。契約のなかに何を入れようと、それはオーナーの勝手です。経営者のヤル気を引き出すためには、その報酬と企業の利潤を連動させるのが一番よいと思えば、そのようなボーナス制度を導入すればよい。それが思うような結果を生み出さなければ、たんに企業の利潤が上がらず、オーナー個人が損をするだけであるのです。

だが、株式会社のガバナンス、すなわちコーポレート・ガバナンスでは、事情はまったくちがうのです。株式会社の経営者は、株主の代理人などではなく、会社の代表機関であるのです。会社がむすぶどのような契約も経営者を通してしかむすべません。会社と経営者のあいだの契約は、したがって、必然的に、経営者の自己契約になってしまうのです。もし経営者が自己利益の追求のみを考えているならば、いくらでも自分に都合のよい契約書を作成することが可能なのです。それゆえ、株式会社における経営者の行動には、一種の倫理性が要求されることになるのです。もちろん、すべての経営者が倫理的であるわけではありませんから、法律によって倫理的な行動を強制しなければなりません。それが、忠実義務と注意義務をはじめとする信任義務にほかなりません。それらは、強制法規として任意法規である契約に優先しなければならないというわけです。

近年アメリカで、株価と連動したボーナスや株式オプションの形で経営者に報酬を支払う会社が急速に増加するようになったということの背景には、まさに経営者による自己契約が疑われるのです。「株主主権」論を隠れ蓑にして、会社の利益ではなく、自分たちの利益を最大化するような報酬システムをでっちあげたのではないかということです。そのひとつの結果が、従業員の五三一倍という天文学的な報酬であったのです。

いや、さらに言えば、そもそも株式会社において所有と経営が分離したことの背景には、経営の複雑化にともなって経営活動が専門化したことがあります。経営者はまさに専門家であることによって、会社の活動にかんして外部の株主よりはるかに詳しい内部情報をもっています。それでいて、アメリカ型のコーポレート・ガバナンスにおいては、経営者はアダム・スミスのいう「自己愛」を発揮することを奨励されているのです。その経営者に大量の株式オプションを与えてしまうこと――それは、まさに不正行為への招待状以外の何ものでもありません。

そして、実際に、エンロンの経営者は、会社の業績を粉飾して株価を吊り上げ、自分の持ち株を売り抜いて、巨万の富を手に入れました。歴史の皮肉は、犠牲になったのが、失職した従業員のみならず、本来ならばその利益が最大化されるはずの一般の株主であったことです。

エンロンの倒産——それは、アメリカ型のコーポレート・ガバナンス制度が、会社が「社会の公器」であることを否定したことの、必然的な帰結であったのです。

もう一度確認しておきましょう、経営者の会社にたいする忠実義務と注意義務こそ、すべてのコーポレート・ガバナンス制度の中核であるべきなのです。この二つの義務は、まさに経営者が「社会の公器」としての会社の信任受託者であることから生じる、必然的な要請にほかならないのです。

コーポレート・ガバナンスの実際(一) 株主代表訴訟

しかしながら、いくら忠実義務や注意義務の存在がコーポレート・ガバナンスの中核をなしているといっても、経営者の信任義務違反を検察当局が即座に摘発し、それをすべて裁判所で裁いていくのは、膨大な司法制度を必要とするはずです。とりわけ、司法人口が絶対的に少ない日本では、それはまさに不可能であるといってよいでしょう。

それゆえ、会社法には、そのような司法の本来の役割を補助するために、株主代表訴訟という制度が設けられています。

株主代表訴訟とは、株主が、会社の利益のために、会社を代表して、信任義務に違反した経営者を裁判所に訴えることです。それは本来は検察当局がやるべき仕事ですが、会社の外部にいる検察官には、そのための情報収集は困難をきわめます。そこで、経営者の仕事ぶりにかんして比較的情報を得やすい人間にその仕事を代行してもらえば、たいへん助かります。そのような人間の候補として、取締役と監査役と株主がいます。だが、これからすぐ述べるように、取締役と監査役の役割は、まさに経営者の仕事をコントロールすることにあります。かれらにはその役割に専念してもらうために、最終的には、株主にその任務が割り当てられたのです。

ここで強調しなければならないのは、株主は自分の利益のために訴えるのではなく、会社の利益のために、会社を代表して訴えるということです。それゆえ、訴訟に勝っても、経営者が支払わされる損害賠償金は、会社の金庫に納められます。訴えた株主の財布には直接には一銭も入ってこないのです。もちろん、それが配当に回れば、訴えた株主の財布は若干うるおいますが、所有している株数が少なければ、それもほんとうに微々たるものです。

これは、ことの性質からいって当然のことです。なぜならば、経営者の信任義務違反とは、経営者が本来代表すべき会社を代表していないことにほかなりません。それゆえ、代表訴訟をする株主とは、経営者に成り代わって、みずからすすんで会社の信任を引き受けているのです。それはまさに、自己利益の追求のためではなく、会社の利益のためという倫理的なおこないにほかなりません。

ただし、ここでも信任関係に必然的につきまとう濫用の可能性があります。現実の株主代表訴訟が、本来の目的である会社の利益のためではなく、会社の利益のためと銘打って、イデオロギー的な手段としてや、たんなるブラックメイルの手段として悪用される危険をつねにかかえていることは、明記しておくべきでしょう。

会社法には、これ以外にも、経営者の仕事をコントロールすることを目的とした規定がいくつか設けられているのが普通です。日本の会社法の場合は、取締役会と監査役の二つの制度が、その任にあたります。

コーポレート・ガバナンスの実際(二) 取締役会と監査役

さきほど、旧来の会社法には、株式会社は代表役員(代表取締役)を定めなければならないという規定があると述べました。だが、もう少し詳しくいうと、上場しているような大きな会社の場合は、まず取締役会なるものを設置して、株主総会によってそのメンバーである取締役を選ばなければなりません。そして、その取締役会が、第一に、重要な会社の業務を決定し、第二に、会社を代表して実際に業務を執行する代表取締役を選び、第三に代表取締役の職務の執行を監督するという役割をになうことになっていました。

注意しなければならないのは、取締役会のメンバーである取締役と、その取締役会で選ばれる代表取締役とは、言葉の上ではほんとうに混同しやすいのですが、法律的には厳密に区別されるべきであるということです。じじつ、取締役会の役割とは、会社の利益を擁護するために、代表取締役を中心とする会社の経営陣の仕事ぶりを監督することであるのです。

だが、これはあくまでも建前でしかありません。代表取締役とは、もともとは取締役会によって会社を代表する役割を負わされた人間という意味であったはずなのに、日本の会社においては、いつのまにか取締役のなかでも高い序列にある代表的な人物という意味をもつようになってしまいました。さらに、そのなかで一番偉い人物が、代表取締役社長というわけです。次章で詳しく述べるように、日本の多くの会社においては、株主の力は弱く、本来、株主総会が決定権をもっているべき取締役の人選は、実質的には社長が握っています。そして、本来、取締役会が決定権をもっているべき次期の社長の人選も、実質的には現在の社長が握っています。よく知られているように、多くの日本の会社の取締役会のメンバーは、会社の従業員のあいだの昇進競争の勝者として選ばれた「サラリーマン重役」あるいは「サラリーマン経営者」です。彼らにはとても、自分を選んでくださった社長様の仕事ぶりを有効にチェックする役割をはたすことなど、できない相談です。

さらに、日本の会社に独自の制度として、監査役制度があります。日本では、後にのべる委員会設置会社以外の大会社で株式を公開している会社は監査役会をもたなければなりません。監査役にあたえられた役割は、経営者の仕事が、法令や定款に違反しているかどうか、あるいはひどく不当であるかどうかをチェックすることにあるとされます。

ただ、実態としては、少なくともつい最近までは、監査役とは会社の内部昇進において惜しくも取締役になれなかった従業員にあたえられた次善の重役ポストという認識がひろく行き渡っており、その人事権は、ほとんど例外なく社長が独占しています。その結果、会社が倒産するたびに、いかに監査役の監査がずさんなものであったかを指摘する新聞記事が出ることが恒例となっているのです。

ところで、二〇〇二年の会社法改正では、従来型の会社に加えて、執行役員(CORPORATE OFFICERS)と取締役会(BOARD OF DIRECTORS)とを切り離す、アメリカ型の経営者モデルをオプションとして導入し、二〇〇六年の新会社法からそのような会社を「委員会設置会社」とよぶようにしました。委員会設置会社においては、会社の実際の経営は執行役員が担当し、経営の代表権も「代表執行役員」が持つことになりました。これに対して、取締役会には、執行役員を監督する役割が割り振られました。具体的には、第一に取締役会は、会社の主な業務を決め、第二に執行役員の中から代表執行役を選び、第三に執行役員の指名、業務監査、報酬決定にそれぞれ専念する指名委員会、監査委員会、報酬委員会の三つの委員会を設置することが取締役会の主な仕事となったのです。（したがって、委員会設置会社は監査役会を設置できないことになりますし、代表取締役というポストもなくなります）。さらに、各委員会のメンバーの過半数は「社外取締役」でなければならないとされました。これは、内部昇進者で占められてしまっている取締役会に外部の人間を入れることによって、経営者の仕事を監督するという、その本来の役割を少しでも取り戻そうという試みです。だが、ご当地のアメリカにおいて、社外取締役の存在が、本当に会社経営の効率性を高めているかどうかについて、いくつかの実証研究がなされていますが、多くはその効果を疑問視するものです。そして、エンロン事件は、そのことをもっとも劇的な形で、世に示してしまいました。この新しい仕組みがどれだけ日本で普及し、どれだけ実質的な効果をもつことになるかどうかは、いまのところ未知数といってよいと思います。二〇〇八年七月現在で、この新しい会社の形を選んだ日本の企業はまだ一〇社程度です。ただ、少しずつ拡がりつつあることは確かです。

いずれにせよ、日本におけるコーポレート・ガバナンスの重要な柱であるべき取締役による監督と監査役による監査は、現状ではひどく形骸化しています。いや、それは日本だけではありません。取締役や監査役と似た制度をもつ諸外国においても、程度の差はあれ、同様のことが指摘されているのです。

コーポレート・ガバナンスの実際(三) 株式市場・メインバンク・従業員・官庁

そこで、近年では、このように会社法のなかに明記されている制度以外にも、コーポレート・ガバナンスの役割をはたすさまざまな仕組みがあることが強調されるようになっています。

まず第一は、株式市場における会社乗っ取り屋の存在です。かれらは、経営者の無能や怠慢によって株価が会社の実力以下に下がっている会社をたえず探しています。そのような会社が見つかると、その株式を安く買い占めて、株主総会の支配権を握り、現存の経営者の代わりに、もっと有能でやる気のある経営者を据えつけるのです。首尾良く会社の業績が回復し、株価も上昇すると、買い占めていた株式を売り払い、大きな儲けを手にすることになります。このような会社乗っ取り屋の存在は、経営者の仕事にたいしておおきな圧力となるといわれています。だが、後の第四章で述べるように、日本の会社においては、このような株式市場を通したコーポレート・ガバナンスは、これまでほとんど機能してきませんでした。

つぎに、メインバンクの存在です。多くの日本の会社が、長期にわたって密接な関係を保っているメインバンクをもっている、いや、もっていたことはすでに述べました。メインバンクは、会社との長い貸借関係のなかで得た情報をもとに、その経営方針にたいしてアドバイスをあたえ、会社が危機におちいったときには、実質的な所有者として、緊急融資をしたりするだけでなく、新たな経営陣を派遣して、会社再建の中心にたってきました。日本の会社においては、このメインバンク制度が、実際のコーポレート・ガバナンスにおいて有効な役割を演じてきたといわれています。

さらに、従業員の「声」の存在があります。日本の大会社の労働組合は、通常、会社別組合の形態をとり、そのメンバーは終身雇用制のもとでこれからも長い期間同じ会社で働くことが期待されている正規の従業員です。しかも、会社の経営陣の多くは、年功序列制のもとで、会社の内部で昇進していったかつての従業員です。それゆえ、多くの労働組合は、よほど変則的な事態ででもないかぎり、会社の経営陣にたいして敵対的な行動をとるよりは、団体交渉の場をはじめとするさまざまなルートによって、会社の内部から経営陣の方針に影響をあたえる道を選んできました。これも、コーポレート・ガバナンスのひとつにちがいありません。

このほかにも、所轄官庁も、日本の会社におけるコーポレート・ガバナンスの重要な一翼をになってきたといわれています。いや、いましがたメインバンク制が日本のコーポレート・ガバナンスのなかで中心的な役割をはたしてきた(といわれている)と述べましたが、じつは、メインバンク自身のコントロールは、さまざまな金融規制と行政指導を通して、旧大蔵省がおこなってきましたし、省庁の再編の後は、金融庁がその役割の一部をになっています。その意味で、これまでの日本の会社の窮極的なコーポレート・ガバナンスの担い手は、国家官僚であったといえるでしょう。

ただし、右で列挙した、会社乗っ取り屋やメインバンクや会社別労働組合や所轄官庁などは、それぞれ会社とは異なった目的をもって行動している、それ自体独立した個人や組織です。それゆえ、それらの介入や圧力が、ほんとうに経営者の仕事を正しい方向に向けてコントロールしてきたかについては、大きな疑問があります。じじつ、失われた一〇年間のなかで、メインバンク制度が従来のような役割をはたせなくなったことがはっきりしてきていますし、その後ろ盾であると信じられてきた旧大蔵省をはじめとする従来型の国家官僚には、そもそもコーポレート・ガバナンスをおこなう意思も能力もなかったことがはっきりしてしまったことは、周知のとおりです。

そもそもコーポレート・ガバナンスとは、会社という仕組みが、本来はヒトでないのに法律上ヒトとしてあつかわれるモノであるという摩訶不思議な性質をもっていることから生まれてきた問題です。わたしたちが生きている資本主義経済は、この会社という仕組みを活用することによって、驚異的な発展をとげました。だが、それは同時に、私的利益の追求を前提とするこの資本主義経済のまっただなかに、経営者の倫理性という、それとまさに矛盾する原理を導入せざるをえなくなってしまったのです。それゆえ、コーポレート・ガバナンスについては、唯一の「正解」などありえません。必要なことは、それが本質的な困難をかかえているということを理解したうえで、時代に応じ、社会に応じて、たえずコーポレート・ガバナンスの方法を改良していくよりほかにないのです。

会社の種類

ところで、ここまで、株式会社を個人企業や共同企業といった古典的な企業と対比させてきました。だが、じつは、会社には四つほど種類があります。株式会社に加えて、合名会社と合資会社と合同会社です。(以前には、資本金三〇〇万円以下の中小企業向けに、株式会社を小型化した有限会社という制度がありましたが、二〇〇六年の会社法改正で廃止され、株式会社に一本化されました。いまでは、一円の資本金で株式会社が設立できるのです)。

合名会社とは、法人の資格をもっていますが、株主が全員、会社の借金にたいして無限責任をもっているという会社です。これは会社といっても、個人企業や共同企業の要素を大きく含んでいます。

合資会社には、株主が二種類います。一方の株主は、経営に実際にたずさわる株主で、会社の借金にたいして無限責任を負います。他方の株主は、たんに出資をするだけの株主で、会社の借金にたいしては有限の責任しか負わないのです。これは、共同企業と株式会社とを組み合わせた形態と見なせます。

合名会社と合資会社という制度は、外国にも似た制度はありますが、日本の場合、成立の事情がやや特殊です。明治時代、会社制度を法的に整備するときに、三井と三菱という大きな財閥があり、日本資本主義の中心をなしていました。合資会社と合名会社は、じつは、このそれぞれの財閥の事情にあわせて作られた制度であるという色彩をもちます。三井財閥本社に合う形に作られたのが合名会社、三菱財閥本社に合うように作られたのが合資会社なのです。

すでに述べたように、これが株式会社になると、株主全員が会社の借金にたいして有限の責任しか負わなくなります。そして、さらに、経営者と株主とが峻別されることになります。実際、会社法には、経営者は株主でなくてはならないという定款を作っても無効であるという条項さえおかれているのです。

ここで、つぎのような疑問があるかもしれません。先ほど、株主の有限責任制とは、会社が法人であることのたんなる言いかえにすぎないと述べておきました。ところが、合名会社や合資会社はちゃんと法人格をもっているのに、なぜそのなかに無限責任を負う株主が存在しているのか、と。

この疑問は、合名会社や合資会社においては、会社の借金にたいして経営者個人が自分の資産を担保に差し出していると解釈すれば、解消するはずです。資本金の小さな会社の場合、これによって、外部からの借金が容易になり、会社の信用が増すことになるのです。

最後に、二〇〇六年の会社法改正で新たに作られたのが合同会社です。これはアメリカのLLC（Limited Liability Company）を模倣したもので、株式会社と同様に、すべての出資者が有限責任しか負いません。ただ、株式会社と異なり、一度出資してしまうとその出資持ち分を他人に譲渡するのが難しくなる代わりに、出資者のあいだの権利や義務を比較的自由に決められることになっています。この仕組みをうまく使うと、あるヒトは知識や能力を出資し、他の人はおカネを出資するというような会社の形態が（原則として）可能になるということで、会社法改正以来、その数は急激に増えています。二〇〇七年末で、日本には、株式会社は約一二三万社、合名会社は約一三〇〇社、合資会社は約八〇〇〇社、合同会社は約九五〇〇社あります。

話を、株式会社に戻してみます。

従業員は、会社の外部の存在である

株式会社の構造を見ると、まず頂点に、多数の株主がいて、モノとして会社を所有し、つぎに、ヒトとしての会社がさまざまな資産を所有しています。そして、ヒトとしての会社を代表して、そのための経営をおこなう代表役員をはじめとする経営者がおり、その経営の執行ぶりを監督する取締役あるいは監査役がいます。これらの人間は、会社が会社であるために、法律上かならず必要になる会社の「内部」の人間です。

それでは、会社のオフィスや工場で忙しく立ち働いている従業員は、いったいどういう存在なのでしょうか？

会社法の上では、従業員とは会社の「外部」の人間です。かれらは、法人としての会社と雇用契約という契約を結んでいる存在にすぎません。その意味では、原材料の供給者や製品の需要者や金融機関と変わるところはありません。

だが、ここにパラドックスがあります。日本では、通常、会社の従業員のことを「社員」とよんでいます。ところが、この「社員」という言葉は、会社法を読むと、ほんとうは会社の所有者である株主のことを指す言葉なのです。その言葉が、日本では本来は会社の外部の存在であるべき従業員にたいして使われているという、不思議なことが起こっているのです。それはなぜかということを考えていくと、日本の資本主義、特に日本の会社のあり方の特質が浮かび上がってくることになります。

次章から、日本の会社の特徴について考えることにしてみましょう。

第四章　法人論争と日本型資本主義

日本の会社の特殊性と普遍性

日本の会社の特徴として、次のようなことがいわれています。

まず第一に、日本の多くの会社の株主は欧米に比べて発言力が弱く、会社の経営にほとんど口をはさむことができません。第二に、日本の多くの会社の経営者は、会社組織内の昇進競争によって従業員のなかから選ばれており、利益率よりは会社組織それ自体の拡大を目標とした経営をおこなっています。第三に、日本の会社の中核的な従業員は、終身雇用制、年功賃金制、会社別組合に守られており、会社にたいして強い帰属意識をもっています。第四に、日本の会社の生産や流通や開発の現場においては、上下の命令指揮系統よりは、情報を共有した従業員のあいだのインフォーマルな関係が重視されています。第五に、日本の多くの会社はいくつかのグループを作り、おたがいの株式を持ち合い、水平的な系列関係を長期的に維持しています。第六に、日本の多くの会社は、みずからを頂点として、その下に下請け、孫請けと拡がっていく垂直的な系列関係を長期的に維持しています。第七に、日本の多くの会社は、長期的な貸借関係を保っているメインバンクから、おもに資金を調達しています……、などです。

多少教科書的ですが、以上が、日本の多くの会社の特徴としてよく挙げられることです。「日本的経営」という言葉がいったい何を意味するのか論者によってちがいがありますが、それがだいたい右に挙げた七つの特徴のうちのいくつかを指していることは間違いありません。

もっとも、注意しなければならないのは、これらの特徴は、おもに大会社を念頭においており、中小規模の会社には、かならずしも当てはまらないということです。とりわけ、中小会社では、日本においても有力株主が経営の主導権を握っているケースが多く見られます。そして、日本の大会社の最大の強みのひとつは、系列関係のなかでそれを下から支えている多くの中小会社の技術水準の高さであるということも、よく知られた事実です。だが、以下では紙幅の関係もあって、おもに大会社について、議論をすすめていこうと思います。

さて、このような日本的な会社のあり方は、たとえばアメリカやイギリスの会社のあり方と比べると、明らかに異なっています。そこで、従来、多くの経済学者や会社法学者は、それがまさにアメリカやイギリスの会社と異なっているということを理由に、日本の会社は会社の本来のあり方から逸脱していると主張してきたのです。いわく、日本の会社は、資本主義的ではないとか、会社法の論理と矛盾しているとかいったものです。かく言うわたしも、日本企業とかつてのユーゴスラビアにおける従業員管理企業との類似性を示した「従業員管理企業としての日本企業」という題名の論文を書いたことがあります。

だが、これからわたしは、日本の会社とは、けっして資本主義と矛盾しているわけでも会社法の論理と矛盾しているわけでもないということを示してみようと思っているのです。そもそも会社法そのもののなかに、資本主義的企業のひとつの形態として、日本的な会社を生み出す仕掛けが仕込まれているということを示してみようと思っているのです。

会社という制度は、会社のグローバル標準と通常みなされているアメリカの「株主主権」的な会社だけでなく、日本における「会社共同体」的な会社も、ドイツにおける「労資参加」的な会社も、さらにイタリアや韓国、さらに戦前の日本のような、「家族支配」的な財閥システムも、すべて可能にしてしまう融通無碍《ゆうずうむげ》な制度であるのです。

たしかに、日本的な会社のあり方は独特です。だが、それは会社という制度からの逸脱ではないのです。それは、会社という制度が可能にするさまざまな会社の形態のうちのひとつにすぎないのです。逸脱ではなく、ひとつの普遍にほかならないということを、これから示していこうと思います。

ただし、わたしがここで日本の会社がひとつの普遍であることを主張しようと思っているのは、何も日本の会社を理想的なものとして提示したいと思っているからではありません。また、日本の会社が、アメリカの会社よりも、経済効率性において優れていると主張したいからでもありません。それは、価値判断をふくまない、純粋に理論的な立場からの主張です。そして、じつは、そのように純粋に理論的な立場から日本の会社もひとつの普遍であることを示すことは、二一世紀において会社というものがいったいどうなるのかを考えるための重要な手がかりを、わたしたちに与えてくれるはずなのです。

法人名目説と法人実在説

日本の会社の特徴について考える前に、すこし回り道になりますが、法人とは何かという問題を、もう一度振り返ってみましょう。

法人とは摩訶不思議な存在です。それは、本来ヒトでないのに法律上ヒトとして扱われるモノとして、まさにヒトでありモノであるという二重性をもっているからです。もちろん、それは、まぎれもなく人間が生み出した制度です。だが、大袈裟にいえば、人間は自分が生み落としたこの法人という制度をいったいどう理解してよいのか、その誕生のときから大いに戸惑ってきました。具体的には、人間はローマ時代から「法人の本質とは何ぞや」という問いを発し、その答えにかんして大論争をくりひろげてきたのです。それが、法学の歴史のなかでの最大の論争のひとつだと言われている「法人論争」にほかなりません。

この論争は、基本的には、「法人名目説」と「法人実在説」とよばれる二つの立場のあいだで争われてきました。（じつは、歴史的には、「法人擬制説」という三つ目の立場があるのですが、ここでは話を簡単にするために、その立場は無視しておきましょう）。

一方の法人名目説とは、法人というのは、人間の集まりにたいして与えられたたんなる名前にすぎないという説です。具体的には、人間がたくさん集まって団体を作ったとき、集まった人間の名前を全部書くのはたいへんなので、便宜的にその集まりにたいしてひとつの名前をつける。その名前が法人にすぎないという主張です。したがって、どのような法人でも、究極的には、それを構成する個人のあいだの関係に還元することができるし、その構成員から独立したヒトとしての法人などというものは実在していないということになります。

他方の法人実在説とは、法人というのは、人間の集まりに便宜的につけられたたんなる名前などではなく、それ自体、社会的な実体であるという主張です。法人は、構成員である個々の人間を超越する実体性をもっていて、社会のなかでそれ自体が意思と目的とをもってあたかもヒトのように行動しているということになります。法人が法律上でヒトとして扱われるのは、それが社会において実際にヒトとして行動していることの反映にすぎないのだということになるのです。

悠久千年にもわたるこの大論争は、いまだに決着がついていません。

じつは、法人名目説と法人実在説との論争は、中世スコラ哲学以来、哲学者を悩ませてきた「普遍論争」と正確に対応しているのです。それは、普遍概念とはたんなる名前でしかなく、それを構成する個々の事物と独立には実在していないという「唯名論《ノミナリズム》」と、普遍概念とは個々の事物から独立したひとつの実在であって、たんなる名前以上のものであるという「実念論《リアリズム》」とのあいだの論争です。この哲学上の大論争もいまだに続いているのです。その意味で、法人論争とは、ほんとうに底の深い論争でもあるのです。

しかしながら、ここでわたしは、法人にかんするこの大論争に、ひとつの「決着」をつけてみたいと思っているのです。ただし、それはどちらか一方の説に軍配を上げることによってではありません。そうではなくて、両方の説に同時に軍配を上げることによってなのです。はたして、そんな芸当のようなことができるかどうか、すこし辛抱して見ていただきたいと思います。

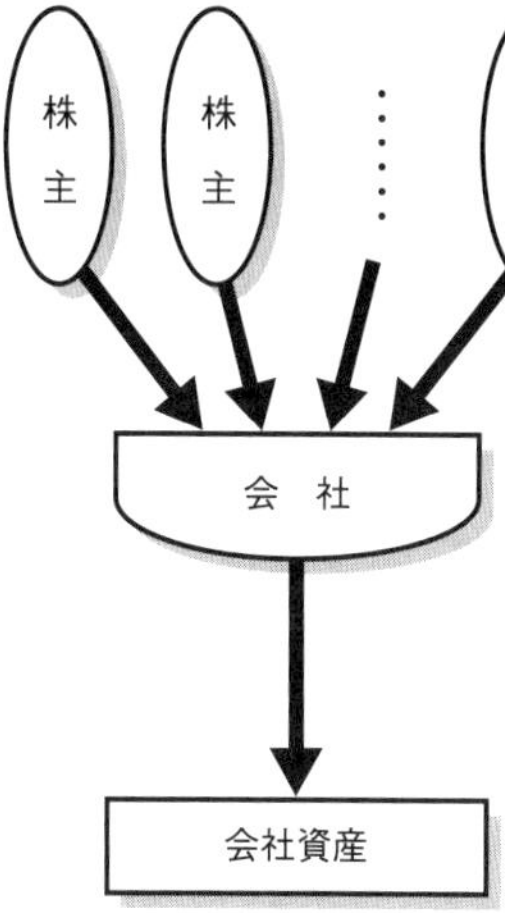

図6：株式会社の仕組み

さて、第6図は株式会社の基本構造を表した第二章の第3図をコピーしたものです。それは、株式会社とは、株主が法人である会社をモノとして所有し、同時にその法人である会社がヒトとして会社資産を所有するという二重の所有関係によって成立していることを描いています。

この二重の所有関係の上半分だけ見てみると、会社という法人は、株主に所有され支配されているたんなるモノにすぎないように見えます。そして、会社という法人が株主に支配されているたんなるモノでしかないならば、それはたとえ会社資産を所有しているとしても、あくまでも名前の上でしかありません。すなわち、法人名目説が正しいように見えるのです。

また、二重の所有関係の下半分だけ見てみると、会社という法人は、会社資産を所有し支配するれっきとしたヒトであるように見えます。それは、ほかの人間の支配を受けない、それ自体で意思と目的とをもっている存在であるかのように見えます。すなわち、法人実在説が正しいように見えるのです。

このように、わたしたちが第二章で展開した法人論の立場から法人論争を眺めなおしてみると、それは結局、法人がヒトでありモノであるという二重性をもった存在であることから必然的に生み出されてきた論争であったということがわかります。法人のヒト性を忘れ、モノ性のみを強調したのが法人名目説であり、法人のモノ性を忘れ、ヒト性のみを強調したのが法人実在説であるというわけです。

しかしながら、これだけでは、法人名目説と法人実在説とに同時に軍配を上げて、法人論争に決着をつけたことにはなりません。なぜならば、今度は第6図を全体として眺めてみれば、会社はモノであるといっても、会社資産を所有していますから、ヒトという性質を完全には失っていないことが見てとれます。会社はヒトであるといっても、株主に所有されていますから、モノという性質を完全には失っていないことも見てとれます。会社という法人は、モノとしてもヒトとしてもまだ不純なのです。

だが、これからわたしは、会社という制度のなかに、会社という法人を純粋にモノにする仕組みと、会社という法人を純粋にヒトにする仕組みが、ともに仕込まれていることを示していくつもりです。

まず最初は、会社を純粋にモノにする仕組みを見てみましょう。

会社を純粋にモノにする方法

会社を純粋にモノにしてしまう方法は、だれでも知っています。だれかが単独で、あるいは何人かの個人がグループで、会社の株式を五〇％以上買い占めてしまうことです。株主総会は基本的には多数決原理にしたがいますので、それによって株主総会の議決を完全に支配できるようになります。

会社の株式を五〇％以上所有した株主を「支配株主」といいます。ただし、会社法に少数株主を保護する規定がありますので、一〇〇％確実に株主総会をコントロールするためには、五〇％をある程度上回る所有が必要になることがあります。だが、同時に、少数株主のなかには、まったく会社の経営に参加する意思をもたない休眠株主も多くいるので、実際には、五〇％以下の所有でもかなり確実に株主総会をコントロールできるはずです。

いずれにせよ、支配株主は、取締役会を完全に牛耳《ぎゅうじ》ることができ、自分自身が代表役員になるか、自分の意向にそった人物を代表役員にすることができます。それによって会社の経営を完全にコントロールできるようになり、会社資産をあたかも自分自身の資産であるかのように、自由に処分することが可能になるのです。すなわち、第7図に示されているように、支配株主はラーメン屋の店主や八百屋の夫婦のような個人企業や共同企業の所有者と、実質的に同じ立場に立つことができるわけです。

その結果、会社資産の法律上の所有者である会社は、実質的にはヒトとしての役割を

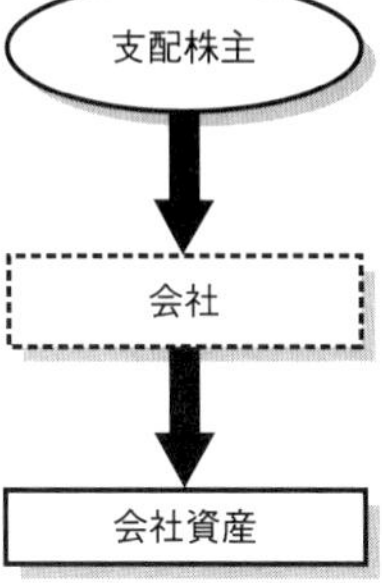

図7: 法人名目説的会社

まったく失ってしまいます。それは、支配株主の意のままになるモノとして、たんなる名前だけの存在になってしまうのです。

これが、法人名目説の主張するように、会社が純粋にモノとなってしまう仕組みです。

近代的な意味での会社の起源は一六世紀末の東インド会社であったと言いました、有限責任制を明確にした株式会社が最初に法律化されたのは、一八一一年、アメリカのニューヨーク州においてでした。そして、その後一九世紀を通して、株式会社は先進資本主義国の間で急速に拡がりますが、そのほとんどが名目説的な会社でした。それは、有力な家族やその関係者が、会社の株式を一〇〇%近く所有し、自分自身が経営するか、自分の息のかかった人物を経営者にして、会社を実質的にコントロールしていたのです。

だが、一九世紀の最後の四半世紀に入って資本主義経済の重化学工業化が急速に進むにつれて、もはや少数の大金持ちが個人的に所有する資産だけでは、ひとつの会社の経営に必要な資本すらまかなえなくなっていきました。そこで、大規模な機械設備を必要とする多くの会社は、株式市場を通して、零細な資金しかもっていない一般大衆から大量の資本をかき集めざるをえなくなってきたのです。その結果として、いわゆる「所有と経営の分離」がはじまります。会社を所有しているのは、経営に口を挟むことのない無数の小さな株主です。会社を経営しているのは、株式をほとんど所有していない専門的な経営者です。すでに第三章で述べたように、一九三二年に出版された『近代株式会社と私有財産』のなかで、アドルフ・バーリとガーディナー・ミーンズは、一九二〇年代の末までには、アメリカの事業会社の約半分は、株式をほとんど所有していない専門的な経営者によってコントロールされるようになったという指摘をして、センセーションをまきおこしました。その後も、所有と経営が分離していく傾向は衰えず、一九七〇年代の末には、アメリカの金融機関を除いた最大二〇〇社のうち、八〇%以上の会社が専門的な経営者のコントロール下にあったと報告されています。これは、アメリカだけの話ではありません。同じような傾向は、日本をふくめた多くの先進資本主義国においても、やはり観察されているのです。

そして、このような傾向のなかで、株主自身が経営をコントロールしている法人名目説的な株式会社は、もはや中小企業にしか見られない過去の遺物と思われるようになったのです。

しかしながら、歴史は必ずしも直線的には進みません。二〇世紀の後半にいたって、法人名目説的な会社が、ふたたび資本主義の最前線に登場するようになります。それは、アメリカやイギリスの株式市場をおもな舞台にして活発にくりひろげられた、会社買収（MERGER & AQUISITION＝M&A）活動を通してです。そこでは、いわゆる会社乗っ取り屋（CORPORATE RAIDERS）が大活躍をいたします。

会社乗っ取りの仕組み

会社乗っ取り屋の仕事は、会社を安く買って、高く売ることです。それは、じつは、株式会社が二重の所有関係によって成立していることを、じつに巧みに利用しているのです。

株式会社が二重の所有関係によって成立しているということは、その二つの所有関係の客体として、株式会社のなかに二つの異なった性質をもつモノがあるということを意味します。一四九ページの第6図をもう一度眺めれば、その二つのモノはすぐ見つかります。

ひとつは、もちろん、会社資産です。そのなかには、機械や設備、建物や工場や土地などの有形資産、さらには特許やライセンスやブランド名などの無形の資産もふくまれます。もうひとつは、モノとしての会社です。すでに述べたように、モノとしての会社を細かく分割して、市場で売り買いしやすいようにしたものが、会社の株式にほかなりません。すなわち、会社の資産と会社の株式——これが株式会社のなかにある二種類のモノなのです。

資本主義経済では、すべてのモノに価値がつきます。それゆえ、会社のなかに二種類のモノがあるということは、会社のなかに二つの異なった価値があるということを意味します。会社の資産価値と会社の株式価値です。

会社の資産価値とは、読んで字のごとく、会社資産の価値です。経済学的には、会社資産をもっとも効率的に運営したときに、その資産から将来にわたって生み出される予想収益の現在価値として定義されるべきですが、ここでは簡単に、会社資産が潜在的にもっている総価値のことだと述べておきましょう。会社金融論などで、会社のファンダメンタル価値とよばれているのが、この価値のことです。

これにたいして、会社の株式価値も、読んで字のごとく、会社株式の価値です。それは、株式市場において日々決められる株式価格の総額です。そして、それは、モノとしての会社の総価値にほかなりません。

この二つの価値が一致していれば、何もおこりません。ところが、往々にして、会社の株式価値は、会社の資産価値から乖離《かいり》してしまうのです。それには、いろいろな理由があります。ひとつは、株式市場における投機の存在です。それによって、日々の株価が会社資産の潜在的な価値を反映しないで乱高下《らんこうげ》してしまうのです。株式価格のバブルとは、まさに会社の株式価値が資産価値を大幅に上回っていることですし、バブルが崩壊すると、今度は逆に、会社の株式価値が資産価値を大幅に下回ってしまいます。もうひとつは、経営者の怠慢や無能によって、会社の資産が有効に運営されていない可能性です。それによって、会社の収益が会社の実力以下に下がってしまい、会社の株価が会社資産の潜在価値を下回ってしまうのです。

会社乗っ取り屋の仕事の第一歩は、株式価値が資産価値を大幅に下回っている会社を見つけだすことにあります。仮にそのような会社をうまく探し当てたとしましょう。そうすると、その会社の株主にたいして公開株式買い付け、英語でいうとTOB(TAKE-OVER BID)を仕掛けます。それは、これから買収しようと考えている会社の株式をいくらの価格で買い付けますという広告を新聞などに公開することです。そのとき提示される買い付け価格は、現行の市場価格より高い水準に設定されるのが普通です。五〇%以上の株主が、市場価格よりも高い価格ならば自分の株式を売ってしまおうと思ってくれれば、TOBは成功です。

首尾良く五〇%以上の株を自分の手に集めることができると、会社乗っ取り屋は支配株主となり、会社の財産を自由に処分できるようになるわけです。買収資金をなるべく早く回収したいときは、会社を株式市場から引き上げ、その資産をすべて売り払ってしまいます。だが、その場合は、後に議論するように、組織としての会社のなかに蓄えられてきた無形の資産のほとんどを失ってしまうことになります。それゆえ、会社乗っ取り屋は、通常は、現行の経営陣を追い出して、より効率的な経営をおこなう実績をもつ新たな経営陣を送り込み、会社の再建をはかります。そして、再建策が成功して、会社の業績が好転しはじめ、株価も会社資産の潜在的な価値を反映するようになったときを見計らって、手持ちの株式を売ることにするのです。

このとき、会社の潜在的な資産価値と公開買い付け時の株式価格との差が、会社買収活動の基本的な利ざやになります。もちろん、TOBのときには市場価格よりある程度高い価格を提示しなければなりませんから、そのプレミアム分を差し引き、さらに買収資金を銀行から借りているときにはそのための利子支払い分も差し引き、弁護士の相談料などさまざまな手数料も差し引かなければなりません。しかし、会社の資産価値が株式価値を大幅に上回っていれば、莫大な利益が会社乗っ取り屋の手元に残る仕組みになっています。

じつは、以上のような会社買収活動には、手品のような資金調達方法があるのです。それが、レバレッジド・バイアウト(LEVERAGED BUYOUT)、略してLBOとよばれる方法です。レバレッジ(LEVERAGE)とは、わずかの力で自分の何十倍もの重さのものを持ち上げることのできるテコ(梃子)のことですから、それはわずかの自己資金で大きな会社を買収(BUYOUT)する方法という意味になります。

具体的には、LBOとは、これから買収しようとしている会社の資産を担保として、投資銀行や融資グループから買収資金を借り入れることです。

もし買収に失敗したら、買収資金は使われなかったわけですから、そっくりそのまま貸し手に返せばよい。もし買収に成功したら、会社乗っ取り屋は支配株主になり、会社資産の事実上の所有者になりますから、担保となっているその資産をそのまま貸し手に手渡せば、借金の返済は済んでしまいます。もちろん、会社資産をそのまま手渡すよりも、その資産を使って利益を上げたほうがより大きな価値を生み出すはずですから、普通はそのようなことはしませんが。すなわち、買収が失敗しても成功しても、会社乗っ取り屋は、自分の懐《ふところ》を痛める必要がありません。そして成功すれば、莫大な利益が手に入ります。まさに無から有を生むという、手品のような話なのです。それゆえ、勝負は、いかに投資銀行や融資グループを説得できるか、さらに説得した後、お互いの取り分をどのように自分に有利にできるかにかかっているわけです。道理で、近年、会社買収にこの方法が盛んに用いられているわけです。

会社乗っ取り屋の活動とは、安く買って高く売るという商業資本主義の原理そのままです。彼らの動機は、いうまでもなく、金銭欲、権力欲、顕示欲です。じじつ、乗っ取り屋の多くは、雑誌や新聞でよく話題になる、ひと癖もふた癖もある人物です。しかしながら、彼らの動機はどうであれ、彼らの活動の客観的な結果として、世界に法人名目説的な株式会社が拡がっていくことになるのです。乗っ取りの対象になった会社は、乗っ取り屋のモノになってしまい、会社資産の名目的な所有者に成り下がってしまいます。

いや、たとえ現在乗っ取りの対象になっていなくとも、株式市場のなかで乗っ取り屋が活発に活動しているという事実は、会社の経営者にたいして、会社の株価をその資産価値にくらべてあまり下げないような経営をするよう、無言の圧力をかけることになります。

それは結果として、会社から少なくとも部分的にヒトとしての性質をぬぐい去ってしまうことになるのです。

このような会社乗っ取りの仕組みは、近年、アメリカやイギリスの株式市場で盛んに使われました。とりわけ一九八〇年代は、アメリカとイギリスにおいてM&A活動が大きなブームとなった一〇年間として記憶されることと思います。もちろん、二一世紀においても、また大きな波が何度も何度も訪れることになるでしょう。いずれにせよ、このようなM&A活動によって、アメリカの資本主義およびイギリスの資本主義は、法人名目説をある程度現実化した資本主義となっていると言えるのです。

では、このような会社乗っ取り屋の活躍によって、法人論争はついに法人名目説の勝利に終わってしまったのでしょうか？

答えは「否」です。

これから、会社を純粋にヒトにする方法について論じてみたいと思います。

持ち株会社

会社を純粋にヒトとする方法を説明するための準備として、まず持ち株会社なるものについて説明してみましょう。

その出発点は、やはり会社における二重の所有関係です。

ヒトはヒトを所有できず、ヒトはヒトによって所有されない——これは、近代社会の原則です。ヒトがヒトを所有していれば、それはドレイ社会にほかなりません。

だが、法人という制度が導入された途端に、近代社会のなかに近代社会の原則をくつがえしてしまうような仕組みが生まれてしまいました。法律上のヒトである会社は、同時に法律上のモノでもあるからです。原理的には、法律上のヒトである会社が、法律上のヒトであるほかの会社を所有することが可能であるのです。少なくとも法律上では、ヒトがヒトを所有し、ヒトがヒトに所有されることが可能になってしまったというわけです。

欧米の文化において、とりわけ個人主義的な色彩の濃いアングロ＝サクソン文化においては、本来ヒトでないモノをヒトとしてあつかう法人にたいして、近代の精神に反した気持ちの悪い概念であるとして、強い抵抗がありました。イギリスでもアメリカでも、本来ならば法人にすべきであるような組織についても、信託（TRUST）という制度で代用することが、長くおこなわれていたのです。だが皮肉なことには、さきほど述べたように、有限責任制を明確にした最初の会社法を導入したのは、まさにアングロ＝サクソン文化の一画であったアメリカのニューヨーク州でした。そして、それをきっかけに、株式会社が世界的に普及したのです。

法人という概念が気持ち悪いものならば、法人である会社がほかの会社を所有するなどということは、もっと気持ち悪いことです。それゆえ、株式会社という制度が広く普及した後も、会社が会社を所有するということにたいしては長い間抵抗がありました。だが、さらに皮肉なことに、ひとつの会社がほかの会社を所有することを法律的に最初に許したのもアメリカでした。一八八九年、アメリカのニュージャージー州において、「持ち株会社(HOLDING CORPORATION)」にかんする法律が成立したのです。

持ち株会社とは、ほかの会社を所有することを目的に設立された会社のことです。すなわち、ヒトとしての会社がほかの会社をモノとして所有することが法律的にも許されることになったのです。そして、ひとたび持ち株会社がこの世に生まれると、それは会社という制度の応用可能性を一気に拡げることになり、あっという間に資本主義世界全体に普及することになったのです。

ピラミッド型支配構造と財閥

まず第一に、持ち株会社の仕組みは、所有の連鎖を生み出します。ある会社が持ち株会社であるとすれば、それはヒトとして別の会社をモノとして所有できます。だが、今度は、その別の会社もヒトとしてさらに別の会社をモノとして所有することができ、そのさらに別の会社もヒトとしてもっと別の会社をモノとして所有していく……というふうに、会社が会社を順繰りに所有していくことが可能になるのです。このようなことは、もちろん、本物のヒトにかんしてはありえないことです。そして、所有関係は支配関係でもあるわけですから、これは、会社が会社を順繰りに支配していくという支配の連鎖でもあるのです。

ここでさらに重要なことは、モノとしての会社にたいする支配は必ずしも一〇〇%の所有を必要としないということです。なぜならば、株主総会は多数決を原則としているので、原則的には、五〇%をほんのわずかでも上回っていれば株主総会を意のままに牛耳ることができるのです。すなわち、五〇%強の所有で、一〇〇%の支配が可能になるのです。そして、このような所有と支配のギャップをうまく利用したのが、ピラミッド型の階層支配の構造です。

第8図を見てください。一億円を多少上回る資本金を所有している持ち株会社を考えま

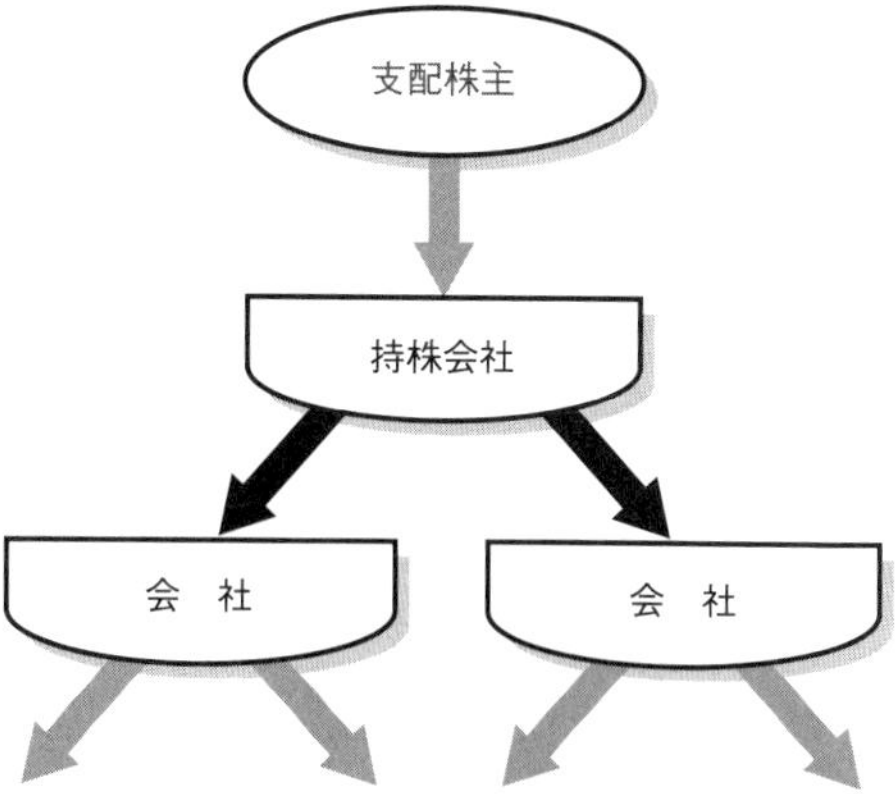

図8: 会社のピラミッド型の階層支配

しょう。その一億円を五〇〇〇万円と五〇〇〇万円に分けて、それぞれ一億円の資本金を持つ会社の株式の五〇%を買い取れば、一億円の資本金の会社を二つ支配できます。（本来ならば、五〇%プラス・アルファの株式を買い取らなければ会社を支配することはできませんが、ここでは、計算を簡単にするために、プラス・アルファの部分は無視しておきます）。次に、その二つの会社の資本金をふたたび二つに分け、それぞれ一億円の資本金の会社の株式を五〇％買い取れば、一億円の資本金の会社を四つ支配できることになります。このように、所有の連鎖を二重から三重、三重から四重へとくりかえしていくと、それに応じて、一億円の資本金によって支配できる資本金の大きさは、二億円、二×二＝四億円、二×二×二＝八億円、……というふうに増大していきます。例えば、階層の数が四つである場合、最下層に位置する会社全体の資本金は八億円となり、八億円分の資産が購入できることになります。一般には、階層の数をNとし、最上層の会社だけでなく途中の階層の会社もすべて純粋な持ち株会社であるとすると、最上層の会社は自分が投下した資本金の2の（N－1）乗の価値をもつ資産を窮極的に支配することができることになります。

じつは、このような階層構造に、後に述べる株式の持ち合いを組み合わせると、支配できる資産の価値はさらに大きなものになりますが、それについての議論は省略しておきましょう。

いずれにせよ、以上のような所有と支配のピラミッド構造を作り上げることによって、最上層の持ち株会社は、みずからの資本金の何倍、いや何十倍もの価値をもつ機械や設備、建物や工場や土地などの資産を支配することができるようになるのです。

よく知られているように、一九世紀の後半からいわゆる第二次産業革命がはじまりました。資本主義が急速に重化学工業化し、高価な機械や巨大な設備を必要とするようになったのです。そのような時代状況に対応するために、所有と支配のピラミッド構造をうまく利用したのが、戦前期における、アメリカのトラストであり、ドイツのコンツェルンであり、日本の財閥であったのです。第9図は、一九三七年の三井財閥の支配構造を描いた図で、高橋亀吉と青山二郎の『日本財閥論』(一九三八)という本から借用してきたものです。現代においても、同様の構造は、現代《ヒョンデ》、三星《サムソン》、LG、大宇《デウ》などの韓国財閥、フィアットやピレリやファルクなどのイタリア財閥に見られます。

ところで、持ち株会社とは、ヒトである会社が、ほかの会社をモノとして所有することです。だが、この持ち株会社といえども、まだ一〇〇%ヒトに成りきっているわけではありません。たとえば、第9図のピラミッド型支配構造においても、純粋持ち株会社である三井合名の上には、三井一族がどんと控えており、彼らが支配株主として三井合名を支配しているのです。

だが、この持ち株会社の仕組みをうまくワープさせると、会社を純粋にヒトにするという、さらなる離《はな》れ業《わざ》が可能になるのです。

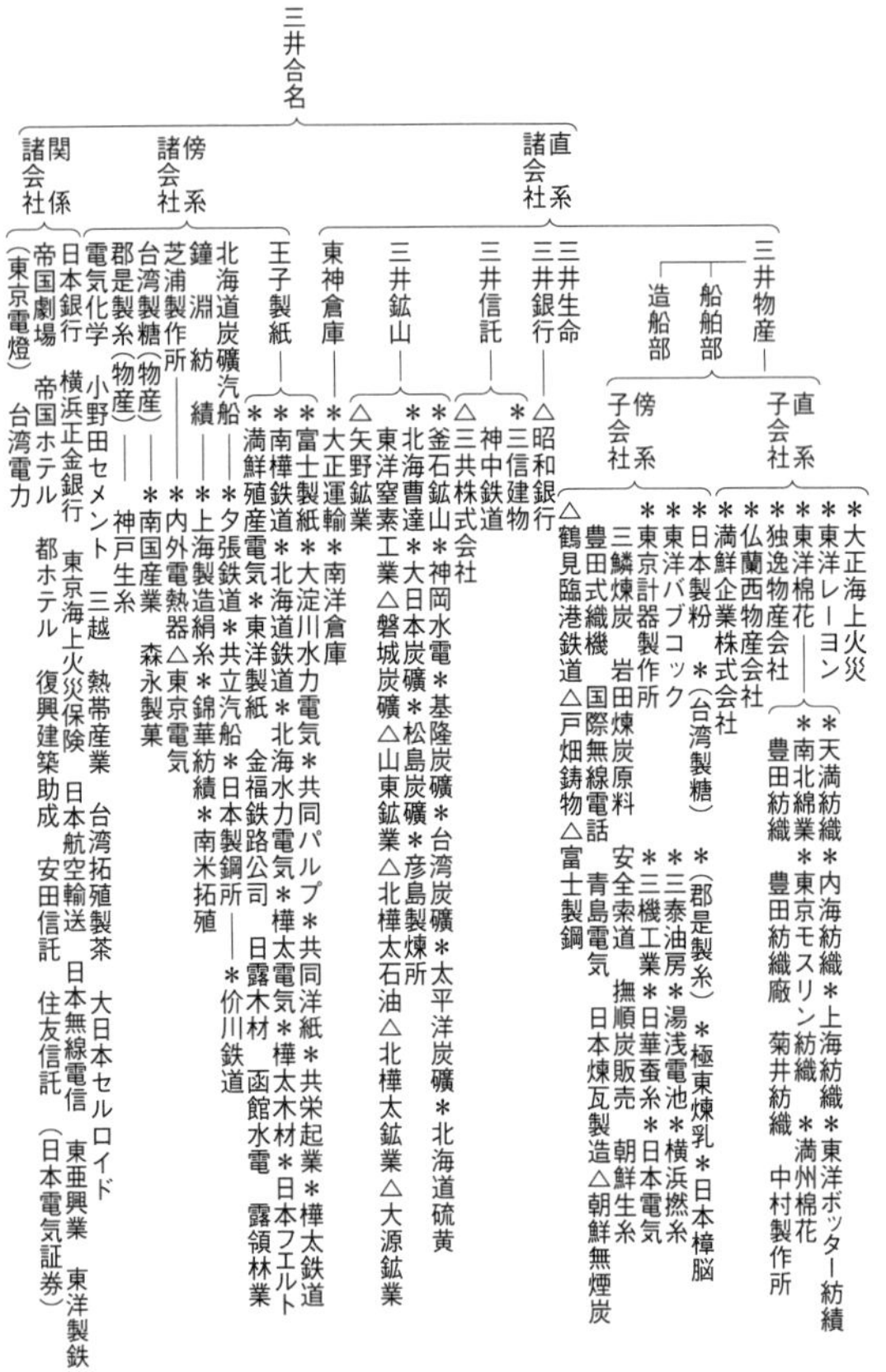

図9: 1937年における三井財閥の支配構造。表中＊印は三井の支配が決定的なもの。無印は準支配的なもの。△印はそれほど三井の支配が強くない関係会社（高橋亀吉・青山二郎著『日本財閥論』よりの引用）。

会社を純粋にヒトにする方法

持ち株会社の場合は、ヒトである会社がほかの会社をモノとして所有していました。だが、会社がヒトでありモノであるということは、原理的には、会社が、ほかの会社だけでなく、自分自身を所有することを可能にするはずです。すなわち、ヒトとしての会社が自分自身をモノとして所有するのです。

もし会社が自分自身の株式を五〇%以上所有し、それによって株主総会の議決権を一〇〇%支配することができるならば、第10図のように、会社は自分自身の支配者として、株主などの他のヒトの支配からまったく自由な存在となってしまいます。

近代社会とは、近代的な人間によって構成される社会であることになっています。そして、自分以外の何人《なんぴと》にも支配されない自立した存在というのが、近代的な人間の定義にほかなりません。自分自身は自分自身が支配し、他のヒトによっては支配されない存在というわけです。その意味では、第10図で示されているような、自分自身の支配者として、他のヒトの支配からまったく自由な会社とは、少なくとも法律の上では純粋なるヒトにほかなりません。法人という制度は、近代社会のなかに、本来の人間のほかに、新たな種類の近代的人間を生み出す仕掛けにもなってしまっているといってもいいでしょう。

図10: 会社の自己所有・自己支配

しかしながら、現実には、会社がそのまま自分自身を支配することは不可能です。

まず第一に、いくつかの国の会社法では、会社が自分の株式を買うことを禁じています。日本でも、つい最近までは自社株の購買を禁じていたのです。

ただ、その日本も二〇〇一年から、自社株買いを解禁しました。いや、アメリカをふくめた多くの国々では、すでに長いこと、会社が自分の株式を所有することが許されていました。だが、重要なことは、自社株は、どの国でも「金庫株(TREASURY STOCK)」となってしまうことです。ここで言う金庫株とは、株主総会のときには金庫に留めおかれる株という意味です。金庫に留めおかれてしまえば、総会の議決には参加できません。いくら自社株を所有していても、それは株主総会での議決権を失ってしまうのです。すなわち、自社株にかんしては、所有は支配に結びついてはくれないのです。

それでは、会社が自分自身を支配する純粋のヒトとなるという話は、現実を知らない学者のタワ言にすぎないのでしょうか。

いや、じつは、学者のタワ言を現実に結びつけてしまう不思議な方法があります。

第11図は、オランダの抽象画家エッシャーの有名な作品のコピーです。右手が左手を描き、その左手が右手を描いています。結果として、右手が左手を媒介として自分自身を書き、左手が右手を媒介として自分自身を描いていることになっているのです。これと同じことが、会社にかんしても可能であるのです。

第12図では、二つの会社、AとBがあり、A社はB社の株式を五〇%以上所有し、B社はA社の株式を五〇%以上所有しています。ここでは、A社もB社も直接には自社株をまったく所有していません。しかしながら、A社はB社を媒介として実質的に自社株を五〇%以上所有していることになります。B社もA社を媒介として実質的に自社株を五〇%以上所有していることになります。それゆえ、お互いにお互いの株式を過半数所有している

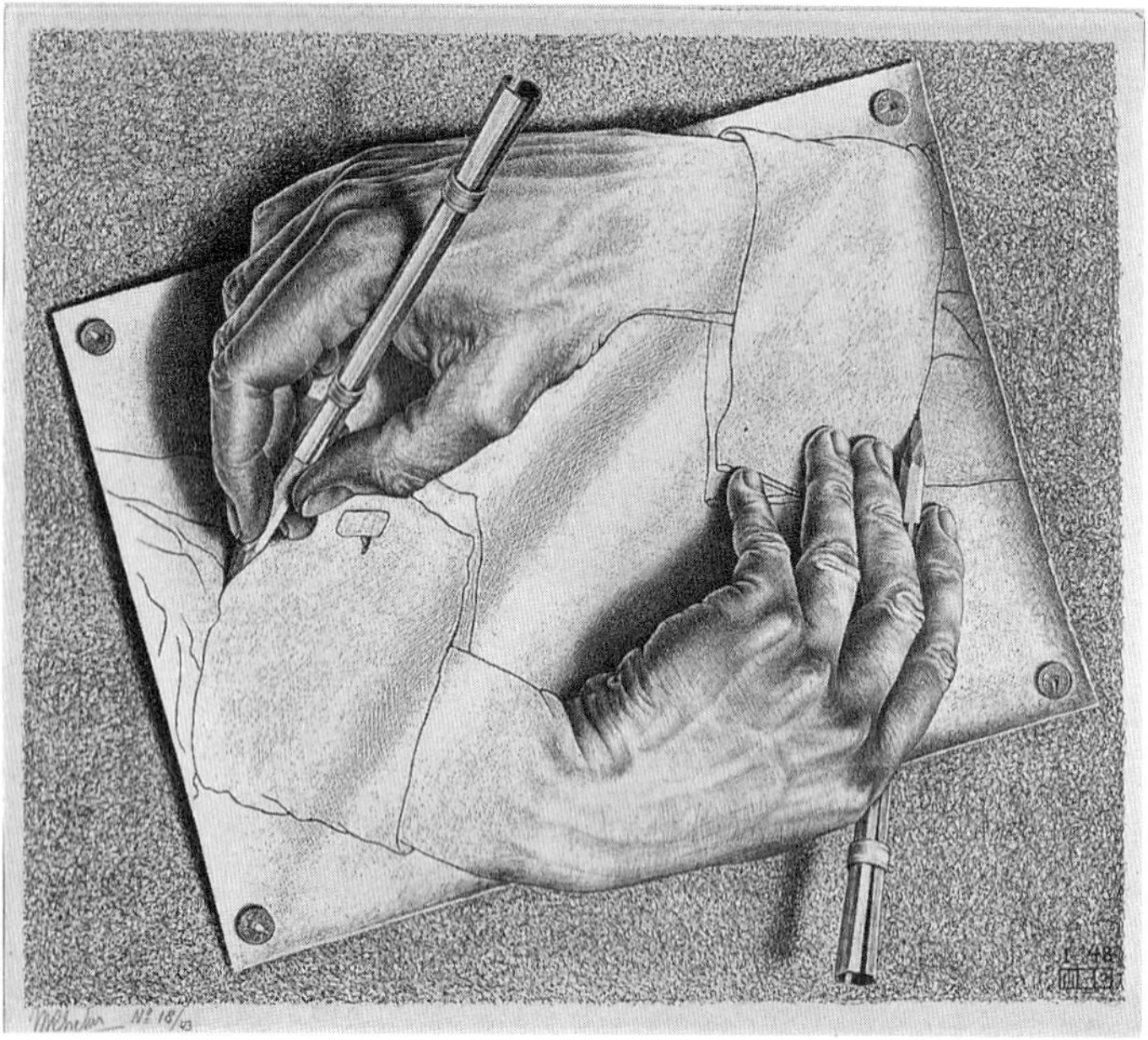

図11: M. C. エッシャー, 「描く手」(*Drawing Hands*, 1948 Lithograph), All M. C. Escher works © Cordon Art–Baarn–the Netherlands. Used by permission. All rights reserved.

AとBの二つの会社が団結すれば、それぞれの株主総会を完全に牛耳ることができます。外部のどのような個人や法人が買収を仕掛けてきても、A社とB社を支配することはできません。二つの会社のあいだで内輪もめがないかぎり、A社とB社はグループとして、他のヒトの支配から自由な存在になるのです。第10図のような自己支配とくらべていくぶん弱い形ですが、ここでも、会社がヒトとなっているのです。

ただ、以上の議論もまだ若干現実離れしています。なぜならば、たとえば日本の会社法には、子会社は親会社の株式を所有できないという規定があります。ここで親会社というのは子会社の株式を五〇％以上所有している会社のことです。さらに、日本の独占禁止法（第一一条一項）には、銀行はほかの会社の株式を五％以上所有できないという規定がありま す。アメリカではさらに、銀行は他社の株式をまったく所有できないことになっています。しかし、持ち株会社を通じれば、他社の株式を五％までは所有することができますから、結果的には日本と同じ制約の下にあるのです。

これでは、エッシャーの絵の魔力も法律の威力によって押しつぶされてしまうように見えます。だが、さらなる方法があるのです。

たとえば第13図のように、会社が一二社集まってグループを作り、それぞれの株式を五

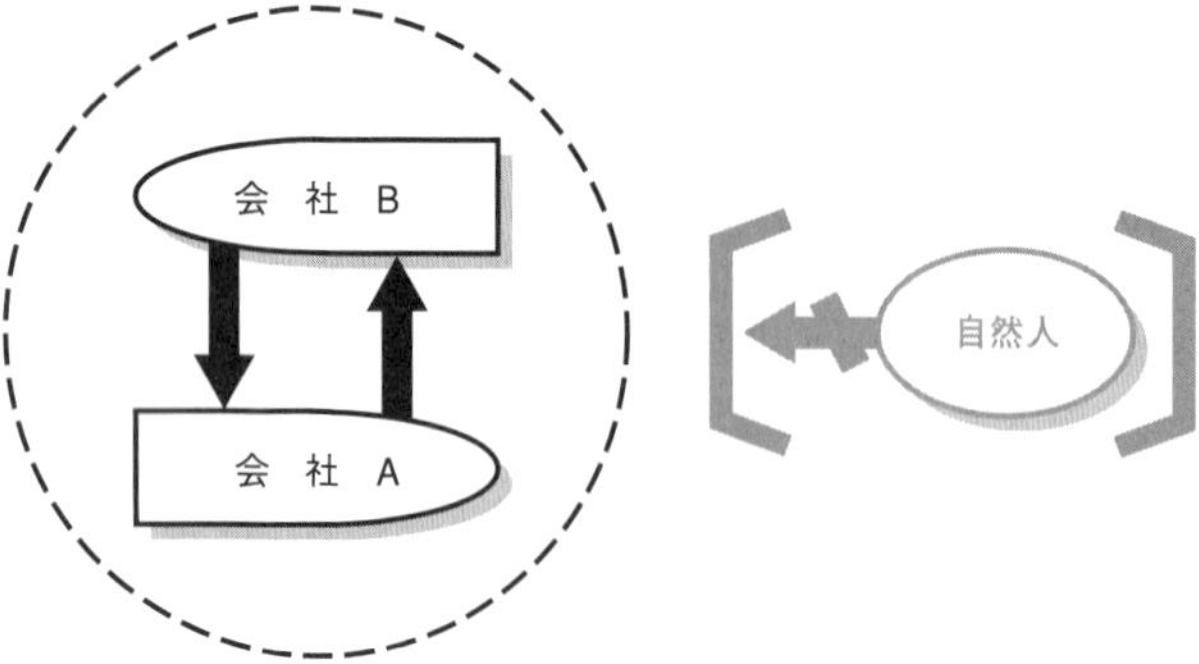

図12: 会社の相互所有による自己支配

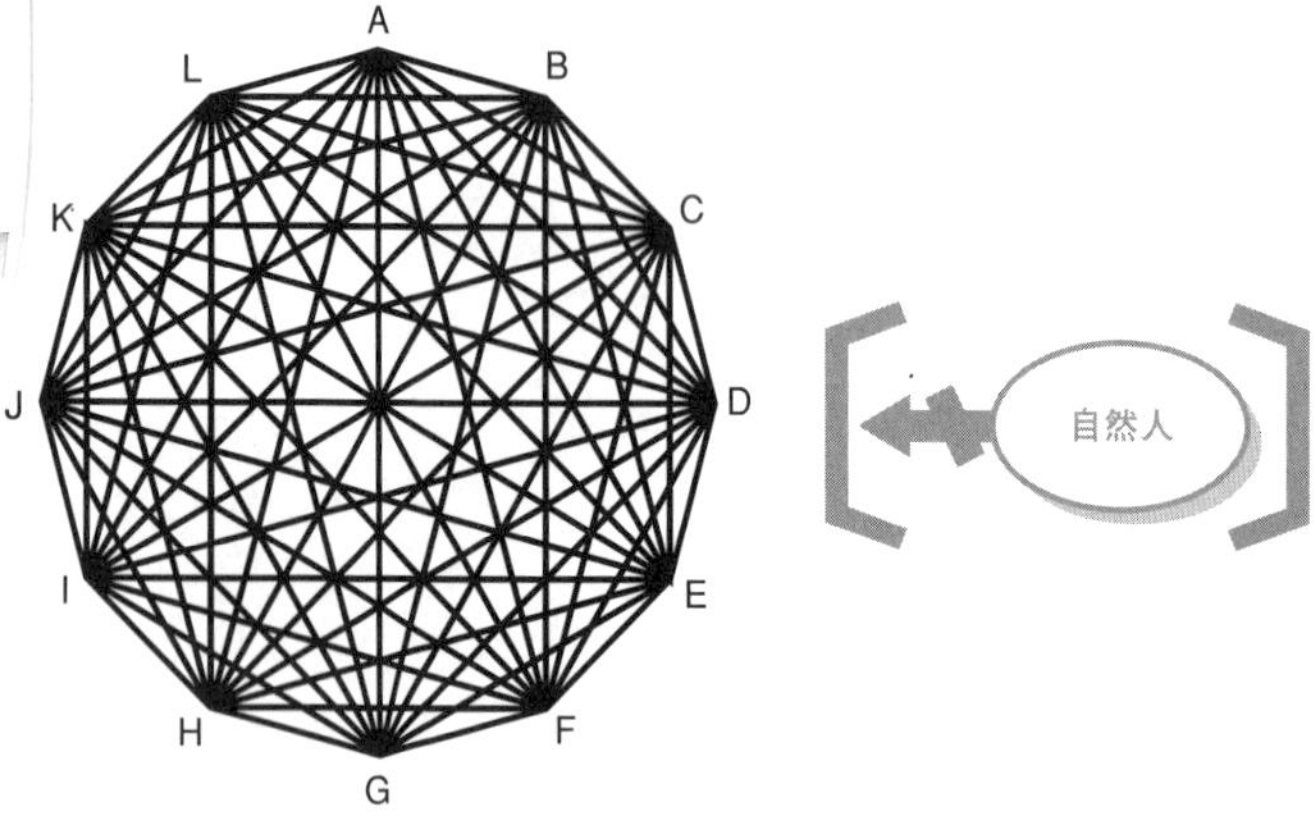

図13: 12社による株式の相互持ち合い

％ずつ所有する。そうすると、自分の会社の株式は残りの一一社が所有してくれますから、全部あわせると一一×五％＝五五％で、過半数を支配できます。これによって、グループ全体として、他のヒトの支配を受けない所有構造をつくることが可能になるのです。これが、「株式の持ち合い」といわれている仕組みです。

株式の持ち合いと日本型会社システム

ここで、現実が突然目の前にあらわれます。なぜならば、よく知られているように、戦後の日本型資本主義の最大の特徴のひとつが、この株式持ち合いであるからです。ごく最近まで、三井、三菱、住友、第一勧銀、富士(芙蓉)、三和という六大会社グループがありました。さらに、それらに加えて、数多くの中小規模の会社グループがありました。それらは、メインバンクを中心としておたがいに株式を持ち合い、会社乗っ取り屋などの外部からの支配を極力排除してきたのです。それによって、グループ内の各社は、ある種のヒトとして、会社それ自体の主体性を確保することができていたのです。

戦後の日本の資本主義とは、まさに法人実在説を現実化した資本主義であったということになります。

ただ、現在、日本の株式持ち合いは崩れつつあると言われています。

第一に、銀行合併をきっかけとして、六大会社グループが三大会社グループに再編されつつあります。三大グループとは、住友銀行と三井銀行の合併によって三井住友銀行が生まれましたが、それを中心とした三井住友グループ。第一勧銀、富士銀行、それに日本興業銀行が提携してみずほホールディングという持ち株会社を設立しましたが、それを中心としたみずほグループ。最後に、三菱銀行と東京銀行の合併によって東京三菱銀行が生まれ、三和銀行と東海銀行が合併してUFJ銀行が生まれましたが、その東京三菱銀行とUFJ銀行がさらに合体して、三菱東京UFJ銀行を作ることになり、それを中心とした三菱東京UFJグループ。以上の三つのグループです。

第二に、それぞれのグループ内の会社の株式持ち合い比率が低下し、さらにグループを超えた会社同士の提携や合併もひんぱんに見られるようになっています。

そして第三に、これらのグループに属する会社が日本経済全体に占める大きさが、資本、売り上げ、雇用など、どの指標をとってみても下落傾向を示しています。

このように、日本において株式持ち合いが崩れつつあるのは確かです。だが、ここで重要なことは、少なくとも戦後五〇年間、この株式持ち合いというシステムが日本型の資本主義を支配してきたという事実です。それは、会社それ自体が純粋にヒトとしての役割をはたしていたということが、日本型の資本主義の最大の特徴のひとつであったことを意味するからです。そして、じつは、後に見るように、まさに会社がヒトとしての役割をはたしているということに、なぜこれまで日本では、本来は株主を意味する「社員」という言葉が、たんなる雇われ人にすぎない会社の従業員を指すようになったのかという問いに対する答えが隠されているのです。

いずれにせよ、ここでわたしたちは、悠久千年も続いてきたあの法人論争に、ひとつの「決着」をつけたことになります。それは、先に約束したように、どちらか一方の説に軍配を上げることによってではなく、両方の説に同時に軍配を上げることによってでした。会社という制度のなかに、会社を純粋にモノにする法人名目説的な仕組みと、会社を純粋にヒトにする法人実在説的な仕組みが、ともに仕込まれていることを示すことができたのです。しかも、それは同時に、アメリカやイギリスの資本主義とは、活発な会社買収活動を通じて、法人名目説を現実化している資本主義であり、日本の資本主義とは、株式の持ち合いを通じて、すくなくとも戦後の五〇年間、法人実在説を現実化してきたことをも明らかにしたはずです。

第五章　日本型資本主義とサラリーマン

会社を背負って立つ日本のサラリーマン

サラリーマンとサラリーウーマンとは、会社と雇用契約を結び、会社から定期的に給与をもらっている従業員のことです。（以後は、サラリーマンという言葉で、サラリーウーマンをも含めることにしましょう）。

新古典派経済学でもマルクス経済学でも、伝統的な経済学の枠組みのなかでは、サラリーマンとは労働サービスの供給者にすぎません。彼らは、労働サービスの需要者である企業にとっては、たんに外部の契約相手にすぎません。だが、このような規定は、あきらかに日本のサラリーマンの実情に合っていません。日本のサラリーマンは、「会社人間」と揶揄《やゆ》されるように、会社に自分自身を同一化している存在だからです。いや、わたしたちが日本において「会社」をイメージしたとき、心に浮かぶのは、多くの場合、株主ではなく、オフィスや工場で働いているサラリーマンであると思います。その意味で、サラリーマンとは、たんに本人たちの意識の上だけでなく、社会一般からも、会社の内部の人間とみなされているのです。

従業員をたんなる労働サービスの供給者と見なす伝統的なサラリーマン観の不毛さにたいする反動もあって、日本型経営が華やかなりし一九八〇年代には、振り子がまったく逆に振れ、「人本主義」という言葉が一世を風靡《ふうび》しました。かく言うわたしも、日本企業をユーゴスラビア型の従業員管理企業とみなした論文を書いたことがあったことは先に述べておきました。(ただし、これは一世風靡とはいきませんでした)。それは、株主ではなく、従業員こそ、日本の大会社の実質的な所有者であるという主張です。

わたしは、日本のサラリーマンを会社の外部の人間とみなす従来の経済学の見方よりも、日本のサラリーマンを会社の実質的な所有者とみなす従業員管理企業論のほうが、はるかに日本の実情をとらえていると思っています。だが、同時にいまとなっては、これはやはり行き過ぎであったといわざるをえません。なぜならば、もしサラリーマンが会社の所有者であったとしたら、ときおりマスコミを騒がす「過労死」など、起こるはずがないからです。サラリーマンが過労死するのは、あくまでもサラリーマンが誰かに働かされている存在であるからなのです。

それでは、会社の外部の人間でもなければ、会社の所有者でもないとすれば、いったいサラリーマンとは何者なのでしょうか？

その答えを、すでにわれわれは知っています。会社の所有者ではないが、会社にとって内部の人間とは、会社の経営者です。

経営者とは、会社の代表機関です。すでに述べたように、「機関」とはORGANの日本語訳で、そのORGANという言葉は、本来は身体の「器官」のことを意味しています。会社とは法律上のヒトですが、事実上は観念的な存在にすぎません。その観念的な存在が、実際に社会のなかでヒトとして機能するためには、頭や目や耳や口や胴体や手足といった器官の役割をはたす生身《なまみ》の人間が絶対に必要なのです。それが経営者です。具体的には、会社の意思を代表するヒトが代表役員であり、その代表役員の下で、実際の経営をおこなうさまざまな権限を委譲《いじょう》されているのが経営陣です。

日本の会社の場合、この会社の代表機関という意識が、少なくとも部分的には、法律上はたんなる雇われ人にすぎない平社員にまで及んでいるのです。場合によってはブルー・カラーにまで及んでいるのです。経営陣が、会社の頭や目や口であったならば、サラリーマンはその胴体や手足であるというわけです。「サラリーマン経営者」という言葉は、経営者の多くは会社のサラリーマンから出世した人間であるという意味ですが、それは同時に、日本の会社においては、平社員から社長まで、だれまでがサラリーマンで、だれからが経営者であるかをはっきりと分ける境界線がないということも意味しているのです。じじつ、過労死は、日本の場合、たんに工場労働者や平社員だけでなく、中間管理職や経営者にもおこる現象であることが知られています。

組織特殊的な人的資産について

では、なぜ、日本のサラリーマンは、自分たちを会社と同一視しているのでしょうか。それは、日本のサラリーマンとは、「組織特殊的な人的資産(ORGANIZATION-SPECIFIC HUMAN ASSETS)」に投資している人間であるからです。

まず「人的資産(HUMAN ASSETS)」という言葉から説明しましょう。「人的資本(HUMAN CAPITAL)」とよばれることのほうが多いのですが、資本という言葉にかんしては昔から面倒くさい論争があるので、ここでは人的資産という名称を用いておくことにします。人的資産とは、人間の頭脳のなかや身体のなかにその人間から不可分な形で蓄積された知識や能力のことです。それは、機械や設備、さらには特許やコンピュータ・ソフトといった「物的資産(PHYSICAL ASSETS)」と区別されます。実際、わたしたちは日常的に「身体が資本だ」とか「頭脳が財産だ」とか言うことがあります。もちろん、「資産」とよばれるためには、その知識や能力を身につけた人間の経済価値を高めるようなものでなくてはなりません。

かつて人的資産という概念が経済学に導入されたとき、マルクス経済学者などから、人間を機械や設備といったモノと同一視するのは何事か、という非難があがりました。しかしこれは的外れな非難でした。第一に、人間を人的資産の所有者と見なすことは、人間を何も失うもののない存在として扱うのではなく、逆に、主体性をもった存在として扱うということにほかならないのです。そして、さらに重要なことは、人的資産を資産のひとつとして扱うことは、資産なるものを物的な資産と同一視してきた従来の経済学にたいして、根本的な修正をせまることになるのです。(それは、さらに、資産、いや資本そのものは剰余価値を生み出さないと主張してきたマルクス経済学の根幹をゆりうごかすことになります)。

人的資産とは、実際、奇妙な資産です。なぜならば、その最大の特徴は、それが「譲渡不可能」であるということだからです。それは、ヒトの頭脳のなかや身体のなかに、そのヒトから切り離せない形で蓄積されているのです。すでに何度ものべたように、近代社会においては、ヒトは自分以外のどのようなヒトによっても所有されることはありません。したがって、いくら資産であるといっても、ヒトの一部をなしている人的資産は、他人に売り渡すことができないのです。いや、たとえドレイ社会であったとしても、ヒトに自由意思があるかぎり、ドレイの所有者といえども、ドレイの頭脳や身体のなかに蓄積されている知識や能力を、完全に自分のモノにすることはできないのです。

もちろん、ヒトが頭脳や身体に蓄積してきた知識や能力の一部は、設計図や作業マニュアルといった客観的な形に表現されて、ヒトから切り離すことができます。場合によっては、それは特許やコンピュータ・ソフトとして、市場で売り買いすることもできます。だが、このように客観化された知識や能力は、ヒトから切り離された瞬間に、物的な資産に分類されることになります。なぜならば、その瞬間に、それはもはやヒトの一部ではなく、たんなるモノになっているからです。その意味で、人的資産とは、物的資産とはなりえない資産であるといったほうがよいかもしれません。いや、物的資産のほうを、人的資産ではない「譲渡可能」な資産という意味で「非人的資産(NON-HUMAN ASSETS)」と呼んだほうが、さらによいかもしれません。いずれにせよ、「譲渡不可能」であることは、まさに人的資産の定義そのものであるということになります。

この人的資産には、二つほど種類があります。「汎用的（GENERAL-PURPOSE）」な人的資産と、「組織特殊的（ORGANIZATION-SPECIFIC）」な人的資産です。

汎用的な人的資産とは、どのような組織においても通用するような知識や能力のことで、たとえば、規格化された道具や機械を操作できる能力や、会計処理方法や企業税制の習得や、マーケティングや経営管理に関する基礎的な訓練や、技術開発のための科学的な知識などです。

これにたいして、組織特殊的な人的資産とは、個々の組織のなかでのみ価値をもつ知識や能力のことです。いや、それは知識や能力というよりは、ノウハウや熟練といったほうがよいかもしれません。たとえば、特定の道具や機械にかんする慣れや、一緒に働いている他の従業員とのチームワーク、長年維持してきた取引相手に関する詳細な情報や、職場内での人間関係の把握や、研究開発プロジェクト参加者同士の専門家としての信頼関係、経営トップの経営構想や経営思想の理解といったものです。これは、第八章において論じられる「コア・コンピタンス」という概念と密接な関連をもっています。

人的資産が奇妙な資産であるとしたら、組織特殊的な人的資産とは、それに輪をかけて奇妙な資産なのです。なぜならば、それは、それをみずからの頭脳や身体に蓄積しているヒトも含めて、だれも自分のモノとして所有することのできない資産であるからです！

その意味を、もうすこし詳しく説明してみましょう。

汎用的な人的資産の場合は、それまで働いていた組織を飛び出しても、自分のモノとしてもっていけます。それは、場合によっては、免許や資格によって保証された知識や能力です。たとえば、大型自動車の免許をもっている人間は、どの運送会社においても、大型自動車の運転手として雇われることができますし、税理士や会計士の資格をもっている人間は、どの企業においても、税理士や会計士として雇われることができます。ただし、汎用的な人的資産の大部分は、免許証や資格証明書などによって保証されるという形をとってはいませんが、その場合でも、それは一般に、本人の履歴書に何らかの形で書き込むことができる知識や能力です。その意味で、汎用的な人的資産とは、労働市場において、ヒトが自分のモノとして自分の労働とコミで売ることのできる知識や能力にほかなりません。したがって、その価値分だけそのヒトの賃金や報酬に加算されることになるのです。

ところが、組織特殊的な人的資産の場合は、それを体化しているヒトがそれまで働いていた組織から離れてしまったら、その価値を失ってしまいます。いくら機械の扱いに熟練していたとしても、その機械がいま働いている工場でしか使われていないものならば、その熟練は別の工場に移ってしまえば役に立ちません。いくら他の従業員とのチームワークによって生産性を高めてきたとしても、他の職場に移って別の従業員とのチームワークを築き上げるためには、新たな努力が必要です。組織特殊的な人的資産とは、それを身につけているヒトが組織を離れてしまえば価値を失ってしまうので、そのヒトの市場における価値を高めることはありません。それを市場で自分のモノとして売ろうとしても、だれも評価をしてくれないのです。

さきほど、人的資産とは、それを体化しているヒト以外のヒトのモノにはならない資産として規定しておきました。組織特殊的な人的資産の場合は、たんに他のヒトのモノにならないだけでなく、それを体化している本人のモノにすらならない、本当に奇妙な資産なのです。

組織特殊的な人的投資をする日本のサラリーマン

ところで、汎用的な人的資産に対応する知識や能力の場合は、市場で価値をもちますから、それを授業料や訓練費をとって教える学校や訓練所が成立します。これにたいして、組織特殊的な人的資産の場合は、それを教えてくれる学校や訓練所など存在しません。それは、組織のなかで、先輩たちから手取り足取り訓練してもらうか、実地の仕事を通じて経験的に学びとるかしか道はありません。

いうまでもなく、組織特殊的な人的資産を蓄積するためには、それなりの時間や費用を投じる必要がありますが、ひとつの組織のなかで長く働くことを予想していなければ、だれもそのような時間や費用をかけようとは思いません。また、ひとたびヒトが組織特殊的な人的資産を身につけてしまうと、それは組織の一員である限りでしか価値をもちませんし、もしその組織が倒産などによって消滅してしまえば価値を失ってしまいます。したがって、組織特殊的な人的資産を蓄積している人間は、組織と運命を共にすることになります。そして、当然、自分をその組織の「内部」の人間と考えるようになるのです。

日本の会社のサラリーマンが、なぜ自分を会社の内部の人間であると考えているかというと、結局、それは長年培《つちか》ってきたさまざまな知識や能力の大きな部分が、自分の勤めている会社の組織に特殊な知識や能力であるからであるのです。だから、自分を会社に同一化し、本来は株主を指す言葉である「社員」としてみずからを認識するようになるのです。

逆に言うと、自分を会社と同一化し、その「社員」であると思わなければ、サラリーマンは、みずからの時間や努力を組織特殊的な人的資産の蓄積のために費やすようなことはしないのです。

古典的企業と「ホールド・アップ」問題

日本の会社では、会社の代表権をもった社長から法律上はたんなる雇われ人にすぎない平社員まで、おなじサラリーマンとして会社の「内部」の人間という意識をもっています。そして、日本の会社では、株式の相互持ち合いによって、会社それ自体が純粋にヒトとしての役割をはたしていることを、さきほど論じておきました。それでは、この二つの事実は、一体どういう関係にあるのでしょうか？

いましがた述べたように、組織特殊的な人的資産とは、だれのモノにもならない資産です。たんに他のヒトのモノにならないだけでなく、それをみずからの頭脳や身体に蓄積している本人自身のモノにすらならないのです。そしてまさにここに、ヒトとしての会社がはたす役割が登場するのです。法人実在説的な会社とは、それ自体ヒトとして、だれのモノでもない組織特殊的な人的資産の「事実上」の所有者としての役割をはたしているのです。

それがどういう意味をもつかを理解するために、まず古典的な企業に雇われている従業員を考えてみましょう。かれらが、オーナーから賃金や年金や退職金を手厚くするという約束をもらって、その企業にのみ通用する人的資産の蓄積に多くの時間や努力を投じたとしましょう。そのとき、これらの従業員の立場はたいへんに弱いものになってしまいます。なぜならば、さんざん組織特殊的な人的資産を用いて企業に「奉公《ほうこう》」させられた後になって、オーナーが賃金や退職金や年金の上乗せの約束をホゴにしてしまうかもしれないからです。怒って企業を飛び出しても、それまで築き上げてきた組織特殊的な人的資産は市場では評価されませんから、そのために投じた時間や努力はまったく無駄になってしまいます。約束がちがうといって、裁判所に訴えても、裁判で勝つのは難しい。人的資産とは客観的な形をとることのできない資産です。(客観化できれば、特許やソフトウェアとして物的資産に転化できてしまうはずです)。それが企業の利益にどれだけ貢献したかを認定するのは困難ですし、そのためにどれだけ時間や努力を投資したかを認定するのも困難なのです。裁判において、オーナー側はいくらでも言い逃れができてしまうのです。

もちろん、企業のオーナーが良心的であれば、このようなことを心配する必要はないといわれるかもしれません。でも、いくらオーナーが良心的であろうとしても、いざ企業の経営が苦しくなってくると、「やむをえず」従業員を犠牲にすることになるかもしれません。また、オーナーが病気になったり、年をとったり、死んでしまったとき、その企業の所有権を引き継ぐ子どもや親戚や友人が、それまでのオーナーと同じように良心的であるという保証はなにもないのです。

そして、従業員の側で、オーナーがこのように約束をホゴにしてしまう可能性があるということをひとたび意識してしまうと、当然かれらは組織特殊的な人的資産に本気で時間や努力を投じようとはしなくなるはずです。たとえ、人的投資をおこなうといっても、できるかぎり汎用的なものにしようとするでしょう。その結果、従業員は、企業の「外部」の存在となり、かれらと企業との関係は、まさに教科書に描かれているように、短期的でドライなものになってしまうのです。

同様なことは、法人名目説的な株式会社についてもある程度いえるのです。なぜならば、その支配株主は、実質的には、古典的な企業のオーナーのように、会社資産の所有者であり支配者であるからです。したがって、そのような会社のなかで働く従業員は、賃金や年金や退職金を将来上乗せするという約束と引き替えに、せっかく組織特殊的な人的資産に投資しても、投資した後にその約束をホゴにされてしまう危険をやはり抱えていることになるのです。たとえいま現在は支配株主がおらず、しかも現行の経営者が良心的であって、従業員の年功賃金や年金や退職金のための基金をちゃんと積み立てておいてくれていても、その会社が敵対的な買収にあってしまえば、そのような基金は新たに支配株主となった会社乗っ取り屋によって奪われてしまうかもしれないのです。じじつ、一九八〇年代にアメリカで会社買収活動がブームであったとき、まさにこのように年金基金を積み上げてきた「従業員に優しい」会社こそ、会社乗っ取り屋の格好のターゲットになったといわれているのです。いずれの場合でも、従業員が組織特殊的な人的資産を蓄積する意欲がそがれてしまうことはいうまでもありません。

このような問題を、経済学では、「ホールド・アップ問題」と呼んでいます。西部劇映画にあるような、治安が乱れて、だれもが銃を持ち歩いている町があるとしましょう。自分が丹誠《たんせい》込めて作ったモノを他人に売っておカネを受け取ろうとしても、モノを手渡した途端に銃を突きつけられて——つまり、ホールド・アップされて——しまうかもしれません。もちろん、命あっての物種《ものだね》ですから、おカネを受け取ることは諦めざるをえません。それゆえ、だれもまじめにモノを作って他人に売ろうとはしなくなり、この町は急速に寂れていってしまう。そこに、馬に乗ったヒーローが颯爽《さっそう》と現れて、保安官のバッジを胸につけ、……というわけです。ただし、西部劇とちがって、資本主義経済におけるヒーローは、それほど格好良くありませんが。

ヒトとしての会社が「ホールド・アップ問題」を解決する

ホールド・アップ問題が発生するのは、結局、組織特殊的な人的資産が、それをみずからの頭脳や身体に体化しているヒトのモノにすらならない資産であるからなのです。

すでに明らかでしょう。ここに、ヒトとしての会社が登場するのです。法人実在説的な株式会社においては、会社それ自体が純粋なヒトとなり、生身の人間はだれも支配株主になれません。ということは、従業員が組織特殊的な人的資産を蓄積しても、それをホールド・アップすることのできる外部の人間がだれもいないということなのです。あたかも、ヒトとしての会社が、組織特殊的な人的資産の「事実上」の所有者となって、それを外部の株主によるホールド・アップから防衛してくれることになっているのです。したがって、法人実在説的な会社においては、古典的な企業や法人名目説的な会社とくらべて、組織特殊的な人的資産の蓄積が強くうながされる傾向にあります。いや、この因果関係は逆方向にも働いているはずです。組織特殊的な人的資産が重要な役割をはたすような経済においては、会社は法人実在説的な形態をえらぶ傾向が強くなるはずなのです。

そして、ここに、法人実在説的な会社が、会社そのものの存続と成長とを「目的」とすることの、理論的な根拠が見いだされることになります。組織特殊的な人的資産は、会社が組織として存続しているかぎりにおいてのみ、利益を生み出すことができるからです。しかも、すでに何度も述べているように、それは、組織の内外のどのような人間のモノにもなることはありません。それゆえ、そのような組織特殊的人的資産の「事実上」の所有者としての役割をするヒトとしての会社が、その利益の一部をみずからのモノとして内部に留保して、会社組織の存続、さらには成長のために投資していくことが正当化されることになるのです。

サラリーマンの「会社人間」としての貢献度

会社がモノとして扱われ、簡単に買収されるような社会では、組織特殊的な人的投資はおこなわれにくく、したがってサラリーマン的な存在がなかなか生まれにくい。逆に、日本は会社を限りなくヒトに近づけることによって、組織特殊的な人的資産の担い手であるサラリーマン的な存在を生み出す土壌が培われたわけです。

ところで、このような組織特殊的な人的資産は、いったい国内生産にどれだけ貢献しているのでしょうか？

その大きさを直接に計測するのは困難です。だが、間接的にはある程度見当をつけることができます。ある人間がひとつの会社を辞めて別の会社に勤めるようになったとき、以前の会社で蓄積してきた組織特殊的な人的資産は無価値になってしまいます。当然その分だけ、新しい会社では賃金や報酬が切り下げられるわけです。その切り下げ分が、組織特殊的な人的資産の貢献度の目安になるのです。

実際に、アメリカでは、このような考え方にもとづいた研究があります。それによると、転職をした労働者は平均して一四％ほどの賃金カットを受けています。さらに、以前の会社に一〇年以上勤めていた労働者の場合には、新しい職場での賃金は前の職場にくらべて三〇％近くカットされているというのです。もちろん、勤続年限の長い労働者のほうが、短い労働者にくらべて、失職する確率ははるかに低いはずですから、現在職をもっている労働者にかんしては、その賃金にたいして組織特殊的な人的資産が貢献する割合は、二〇％以上になるのではないかと考えられます。これは、かなり大きな数字です。

実際、この数字を使って、次のようなおもしろい計算ができます。アメリカでは、国内総生産（GDP）のなかの約六〇％を労働所得が占めています。これが、大ざっぱに言うと、労働による価値の創造分です。たとえば、そのうちの二〇％が組織特殊的な人的資産の貢献であるとすると、それは国内総生産の一二％（＝六〇％×二〇％）近くの大きさになります。これは、会社利潤（営業余剰）が国内総生産に占める割合（一八％）とくらべても、それほど遜色ない数字であるのです。（これは、アメリカの民主党系のシンクタンクであるブルッキングズ研究所のマーガレット・ブレア博士が『所有と支配』（ブルッキングズ研究所出版、一九九五）という書物のなかでおこなった計算をすこし変えたものです）。

これは、アメリカの数字です。日本のほうがアメリカよりも組織特殊的な人的資産のはたす役割は大きいはずですから、ひょっとしたら、その数字は二〇％近くになるかもしれません。すなわち、日本のサラリーマンの「会社人間」としての貢献は、日本の国内総生産の二割近くあるということです。日本の会社の場合、いわゆる年功賃金の年功部分の少なくとも一部や、退職金や年金の一部はまさに組織特殊的な人的資産にたいする報酬であるといわれていますから、この二割という数字は、かならずしも大袈裟な数字ではないと思われるのです。

いずれにせよ、ここで試算された組織特殊的人的資産の貢献度に対応する賃金支払いは、従来の会計では費用として計上されているのですが、本来ならば投資とみなされるべきものです。そして、それがこれまでたんに費用としてしか計算されていなかったことが、個々の会社の経営にも経済全体の運営にも、さまざまな歪《ひず》みをもたらしてきているのです。

所有と経営の分離のベネフィットとコスト

バーリとミーンズ以来の伝統的なコーポレート・ガバナンス論は「所有と経営の分離」に「上場株式会社の最大の弱点」を見いだしてきました。その主要な関心は、株主の利益に結びつかない経営者の自律的な行動をいかに規制するかに向けられていました。経営者は、自分たちの金銭的報酬や社会的名声や政治的権力を高めるために成長志向的な投資をしすぎるとか、経営者は、金融市場からの圧力から自由になるために無駄な現金を留保しすぎるとか、経営者は、失敗を恐れて自分の得意な分野以外の事業に手を出さないとか、経営者は、中間管理職の昇進を容易にするために組織を肥大化しすぎるとか、経営者は、無慈悲であるという評判を恐れて労働者のクビ切りをためらうとか、です。経営者のこのような裁量的な行動こそ、株式会社という制度を非効率的なものにする最たる原因であるというのです。同じように、現場の技術者や労働者にあまり大きな自律性をあたえてしまうことは、かならずしも会社の利益に結びつかない仕事を増やしてしまう傾向を生み出し、経済的な効率性を低めてしまう可能性があります。

このような立場から見れば、株主の利益ではなく組織それ自体の存続と成長を目的とする法人実在説的な会社など、まさに非効率性の極致にあるということになります。そして、そのような法人実在説的な会社をこの世に実現した日本の会社システムなぞ、まさに存在しているのが不思議だということになるのです。

しかしながら、法人実在説的な会社は、資本主義の歴史のなかで、オーナー自身が直接支配権をもつ古典的企業や法人名目説的会社との競争に敗北しなかっただけではありません。少なくとも二〇世紀の大部分を通じて、先進資本主義国の産業部門における支配的な企業形態ですらあったのです。じじつ、アメリカや西ヨーロッパの一部では、一九世紀の後半から(少なくとも近年まで)、経営者が支配するバーリ＝ミーンズ型の株式会社が産業資本主義の発展に指導的な役割をはたしましたし、日本では、第二次大戦後から(少なくとも近年まで)、株式の持ち合いによって外部株主の影響を排除した六大会社グループがいわゆる日本的資本主義の発展に中心的な役割をはたしたのです。

その理由は、すでに明らかになったと思います。法人実在説的な会社においては、法人としての会社それ自体が組織特殊的な人的資産の「事実上」の所有者となって、外部の株主によるホールド・アップから従業員を保護する役割をはたすことができるからです。それによって、会社になんの所有権ももっていない労働者や技術者や経営者が近代の産業技術の運営に不可欠な組織特殊的な人的資産を自由に育成し拡大することを可能にしたのです。

ただし、ここで所有と経営（および労働）の分離がすべてよい、と言おうとしているのではありません。それによって助長される経営者や技術者や労働者の自律的な行動がさまざまな非効率性を生み出してきたことは、否定のしようがありません。重要なことは、所有と経営の分離にはプラスの効果とマイナスの効果があるという、当たり前のことです。そのあいだのバランスをどう取るかを考えなければ、真の意味での効率的な会社経営は不可能であるということなのです。

第六章　日本型資本主義の起源

日本の会社はどうして日本型の会社となったか

ところで、第四章では、悠久千年の法人論争に「決着」をつけることによって、法人実在説的な日本的な会社は、会社という制度からの逸脱ではなく、会社という制度が法律的に可能にするさまざまな形態のひとつであるということを示すことになりました。そして、右の第五章において、会社そのものをヒトとする日本型の会社の形態は、さまざまなコーポレート・ガバナンスの問題を生み出す一方で、外部の株主によるホールド・アップ問題から従業員を防御し、企業組織に特殊な人的資産の投資をうながす役割をはたしていることを示したわけです。

だが、これらは、あくまでも理論上の話にすぎません。それだけでは、なぜ実際に、この日本において会社がこのような形態をもつようになったのかということが説明できません。いったいどのような経緯によって、日本の多くの会社が、多様な可能性のなかから、法人実在説的な会社の形態を選び取ることになったのでしょうか？　日本の会社はどうして日本型の会社になったのでしょうか？　この問題にかんしては、すでに多くの書物が書かれていますので、ここではごく簡潔に論じてみましょう。

第二次大戦と統制経済

現在、三菱東京ＵＦＪ、三井住友、みずほという三つの銀行を中心として、会社グループの再編が進んでいますが、第二次大戦後長らく、日本資本主義の中心は、三菱、三井、住友、第一勧銀、富士（芙蓉）、三和という六つの会社グループによって占められていたことを、第五章で述べておきました。このうち、三菱、三井、住友の三つのグループは戦前における三大財閥の直接の末裔《まつえい》でしたし、富士グループも部分的には第四財閥であった安田財閥にさかのぼることができます。

戦前の日本の資本主義は、かなり古典的な資本主義であったと言われています。たとえば三井財閥の支配関係を示した第四章の第９図（一六八ページ）をもう一度見てみれば、ピラミッドの一番頂点に財閥の家族が鎮座していたわけで、幾人かの忠実な大番頭も含めた財閥家族は持ち株会社をつくって、その株式を一〇〇%保有し、その持ち株会社を通して傘下の多数の系列会社を支配していたわけです。財閥がこのようなピラミッド型の所有構造を作り上げたのは、第一次大戦によって日本が造船や機械や化学産業において軍需ブームに沸いていたときでした。それによって、最小限の資本でもって重化学工業化に必要な巨大な機械設備に投資することができるようになったのです。そこでは、持ち株会社という仲介がありますが、財閥家族が傘下の財閥系会社の支配株主になっており、古典的な所有関係がいちおう確立していたのです。その意味で、戦前の財閥グループと株式の持ち合いによって支配株主を排除した戦後の会社グループとのあいだには、構造的な不連続性があります。

このような戦前の資本主義を大きくゆりうごかす事件が、二つほどおこったからです。

ひとつは第二次大戦中の統制経済です。

一九二九年の一二月から世界大恐慌がはじまり、資本主義諸国が危機的な状況におちいってしまいました。ところがそのような経済危機のなかで、繁栄を誇っていた経済が二つありました。ひとつはナチス・ドイツの国家社会主義。もうひとつがソヴィエト連邦の計画経済体制です。国家による全面的な経済統制をおこなっていたこの二つの経済が、世界的大不況のなかで、例外的に躍進をしていたのです。そういう状況のなかで、政府の内部においても、欧米流の資本主義にたいするおおいなる懐疑がいだかれていたといわれます。とくに、マルクス経済学の影響をうけた革新官僚を中心として、日本経済を官僚主導の統制経済的な方向にもっていこうという動きが出てきたのです。

一九三〇年代においては、このような動きの多くはたんなる机上の構想にすぎず、若干の実験が日本の植民地となった満州国を舞台におこなわれていただけでした。だが、一九四〇年代に入り太平洋戦争に突入すると、欧米との総力戦をたたかうために、日本経済全体の生産力を飛躍的に高めることが至上命令とされたわけです。そこで、ドイツやソ連の計画経済的な手法をとりいれて、古典的な資本主義体制を修正することが試みられました。その一環として、軍需産業を中心とした多くの企業の生産計画や資金調達を、国家統制の枠組みのなかに押し込めようとしたのです。

これによって、財閥家族をはじめとする株主の権限が制限されることになり、企業のなかで専門的な経営者の力が強まることになりました。また、軍需企業にはそれぞれ指定銀行が割り当てられ、財閥系だけでなく非財閥系の会社も一種のメインバンクをもつようになりました。さらに、天皇の兵隊であることにおいて平等であるということで、産業報国会のもとで、それまで峻別されていたブルー・カラーとホワイト・カラーとのあいだにある種の一体意識が醸成《じょうせい》されるようになったのです。

いわゆる「一九四〇年体制論」によれば、まさにこのような統制経済体制が、戦後の日本の資本主義の原型を作ったのだということになります。

たしかに、このように第二次大戦中の統制経済が戦後にあたえた影響を無視することはできません。だが、わたしは、それをあまり強調するのも間違いだと思っています。その理由は簡単です。第二次大戦中は、日本だけでなく、アメリカからイタリアまで、同盟国から枢軸国まで、ほとんどの参戦国が何らかの形で経済を統制していたからです。戦時においては、国家の利益が株主主権に優先することは、当たり前のことであったのです。問題は、なぜ日本だけが、統制が解かれた戦後においても、株主主権が回復しなかったのか、いや、さらに株主主権が弱くなってしまったのかということなのです。そして、この問いに対する答えは、やはり簡単です。

第二次大戦直後、アメリカ占領軍が日本に財閥解体を命じたからです。

経済民主化と財閥解体

アメリカ占領軍の基本政策は、戦後日本をできるだけ早く民主主義的な社会に転化させ、ソ連を指導者として拡張しつつあった社会主義の防波堤にするということでした。財閥の独占体制こそ戦前日本の軍事主義の温床であったと考えて、経済構造そのものの「民主化」を上から指導したのです。そして、一九四五年から四七年にかけて、財閥家族や財閥の持ち株会社が所有していた株式を政府機関に移管し、持ち株会社そのものを解体し、財閥一族とその近辺の人間を会社の役職から追放することになりました。これが、「財閥解体」にほかなりません。

これによって、第四章の第9図(一六八ページ)にあるような、財閥家族→持ち株会社→傘下企業グループというピラミッド型の所有構造のうちの、財閥家族と持ち株会社とが占めていた頂点が吹き飛んでしまい、グループをなしていた多くの企業が工場設備と従業員をかかえたまま生き残ってしまったわけです。古典的な所有関係のなかから、所有の主体としてのヒトが強制的に消しさられてしまったのです。政府は経済民主化の観点から、財閥家族などから取り上げた大量の株式を従業員を中心に売却したので、その結果、日本の株式はまさにアメリカのように大衆のあいだに分散されるようになりました。

だが、このような株式市場のアメリカ化は、ほんの一時的でしかありませんでした。その後、株式の持ち合いが許されるようになると、同一グループ内の企業の経営者は、メインバンクを中心として、取り引き関係の安定化と所有関係の安定化のために、おたがいの会社の株式を持ち合うようになり、専門経営者が実権をもつ会社システムを作りはじめていくようになりました。とりわけ一九六〇年代にはいってから、証券不況対策としての株価の下支えや資本自由化対策としての外国人による乗っ取り防止などを目的として、いわば官僚主導で、安定株主工作がおこなわれました。その結果、一九六〇年代に、株式の持ち合いを通じて外部の株主の支配から自立する日本型の会社システムが完成させられたのです。

こういう意味で、戦後日本の会社システムの成立には、アメリカ主導の経済民主化による財閥解体が決定的な役割をはたすことになったのです。じじつ、第二次大戦で同じく敗戦国となったイタリアの場合、占領軍がアメリカではなくイギリス中心であったこと、また ソ連と地理的に離れていたということなどから、上からの経済民主化が不徹底なものに終わりました。イタリアは戦後においても、フィアットやピレリやファルクといった家族が支配する財閥構造が長く温存されてしまったままになったのです。たとえば、イタリア最大のフィアット財閥は、いまようやく、解体の危機に直面しているといわれています。

財閥における総有制と経営の自律性

このようにアメリカ占領軍による上からの経済民主化は、たしかに日本の会社を日本型の会社にするために決定的な役割をはたしました。だが、歴史の皮肉は、占領軍の意図は日本経済の「アメリカ化」であったにもかかわらず、結果として生まれてきた日本の会社システムは、アメリカの会社システムのコピーではなかったということです。それは、前の二つの章でみたような、まさに日本型としかいいようのない独特の会社システムであったのです。そうしてみると、日本において会社のヒト化が進んだのは、戦中の統制経済と戦後の財閥解体という外在的な要因によるだけではない。そこには、日本という社会に内在的にかかわる要因がはたらいていたことが見てとれるはずです。

先ほど、戦前の日本の資本主義は、かなり古典的な資本主義であったと述べました。その中心を占めていた財閥グループにおいては、財閥家族が持ち株会社を通して多数の会社の支配株主になっており、古典的な企業における所有関係がすくなくとも形の上では確立されていたからです。だが、同じようなピラミッド型の所有構造をもつヨーロッパ諸国の財閥やお隣の韓国の財閥と比べてみると、日本の戦前の財閥は、かならずしも古典的とは言い切れない特徴をもっていました。それは、日本の財閥の場合、傘下の会社を「所有」していたといっても、ヨーロッパ諸国や韓国の財閥が傘下の会社を所有しているのと、かなり意味合いがちがっていたからなのです。すこし説明してみましょう。

たとえば、明治から敗戦まで、三井財閥の頂点には三井十一家とよばれた十一の家族が位置していました。だが、この三井十一家には昔から「大元方《おおもとかた》」という機関があり、各家の資本はすべてこの大元方にプールされ、大元方のもとで共同管理されていたのです。企業活動にかんするすべての投資は大元方から出資され、受け取るすべての利潤は大元方に繰り入れられ、各家にたいする配当もすべて大元方からあらかじめ決められた比率で支払われました。大元方にプールされた資産はすべての家が全体として相続することになっており、なにが起こっても分割してはいけないというのが、三井の「家憲《かけん》」であったのです。この独特の所有形態を、日本財閥史の創始者のひとりである安岡重明《やすおかしげあき》は、通常の意味での共有ともちがうことを強調するために、「総有《そうゆう》」と呼んでいます。（共有＝共同所有であれば、共同所有者は資産の分割請求ができます）。大元方という制度は、三井財閥独特のものですが、ほかの財閥も、総有的な特徴をもった所有の形態をしていたところが少なくなかったといわれています。

いうまでもなく、このような所有形態のもとでは、財閥家族は企業経営に積極的に関与するインセンティブをもちません。実際、日本の財閥の最大の特徴のひとつは、専門的な経営者に一定程度の自律性をあたえていたというところにあります。これは、支配家族が経営にも積極的に関与していく傾向の強い、諸外国の財閥と大きく異なった特徴です。もちろん、自律性といっても、財閥家族が支配株主であることには変わりませんから、大きな制約をつねに感じながらの経営ですが、それでも、ほかの非財閥系の会社と比べてみると、財閥系の会社のほうが経営者に自由裁量の余地をより多くあたえたことはさまざまな実証研究によって確かめられています。たとえば、財閥系の会社の配当のほうが非財閥系の会社の配当よりもその比率が小さく、しかも利益率の変動にあまり左右されなかったという研究報告などがあるのです。

「家」制度と法人

ここで、当然、日本の「家」制度に注目せざるをえなくなります。

経済学者のあいだでは、「家」などという文化的な概念をもちだすことは、極端にいやがられます。人間の合理性を公理とする経済学の敗北とみなしてしまうからでしょう。だがわたしは、経済学という学問がほかの社会科学よりも優越しているところがあるとしたら、それは、経済学が合理性の論理を徹底的に推し進めることによって、みずからの学問としての限界を明らかにすることができるということにあると思っています。まさにそのことによって、ほかのすべての社会科学がそれぞれみずからの存在理由を確認できることになるというわけです。

人間とは、アリストテレスの言葉を借りると、「社会的な動物」です。社会のなかでしか生きていけない動物であるというのです。とりわけ経済活動には、必ず人間の組織が必要になります。そして、人間がなにか組織を作り上げようとするとき、人間はまったくの白紙の状態からデザインをするのではなく、意識するにせよしないにせよ、それぞれの文化に固有の「文法」とでもいうべきものにしたがうことになるのです。そして、そのような組織の形成にかかわる文法とは、それぞれの文化における家族の構造です。なぜならば、家族こそ、人間が人間として最初に作り上げた組織であり、家族にかんする概念は人間の基本的な言語構造のなかに深く深く入り込んでいるからです。そして、日本の場合、たとえば江戸時代の商家にも戦前の財閥グループにも戦後の六大会社グループにも、おなじ組織文法の働きを見いだすことができるのです。

いずれにせよ、日本の「家」制度は、おなじ東アジアの一員であるといっても、中国や韓国の家族制度とは驚くほどちがいます。もちろん、ヨーロッパの家族制度ともちがう。中国は大きくて地域差がだいぶありますが、すくなくとも世界中で活躍している華僑《かきょう》の場合は、男の兄弟の間で等しく財産を分配するというシステムを守っていることが多い。それにたいして、韓国の場合は長子相続です。しかも、その長子相続は血の継続性をひじょうに重要視する。ヨーロッパの家族制度も、地域地域によって差がありますが、血縁関係を重要視するという点では同じです。たとえば、貴族のことをBLUE BLOOD、つまり「血が青い人たち」といいますが、それは血の継続性を重要視していることのひとつのあらわれにほかなりません。

日本の家制度の基本も長子相続ですが、天皇家は別にして、血の継承は必ずしも重視しません。重要なのは、家の名前の継続です。血の継承よりも名前の継承を重視するという点で、日本の家制度は、全世界的に見ても、かなり特殊なあり方をしているといってよいでしょう。たとえば、中国や朝鮮の場合は血のつながりがすべてであって、家族関係とはそのまま血縁関係のことです。ヨーロッパにおいても、少なくともごく最近までは、同様です。（一種の人道的な立場からの養子制度が近年拡大していることは、これとは別問題です）。もちろん、すべての血のつながりが家族を形成しているのではありません。逆に、いったいどういう血縁関係を家族とみなし、どれをそうみなさないかを規定するのが、制度としての家族にほかなりません。そこに、中国と朝鮮、さらにはヨーロッパの家族制度のあいだとのちがいがあるわけです。

これにたいして、日本の「家」の場合には、基本的には「家名」がつながっていればよかった。江戸時代の商家や武家においては、養子をとることにあまり抵抗がなかったのです。

最近、住友と三井が合併しましたが、住友財閥と三井財閥は、同じ江戸の初期に成立した財閥です。元になったのは、住友は住友銅山、三井の場合は越後屋という呉服店です。住友家はどういうわけか子どもが少なかったので、常に後継者の問題を抱えていました。有名な話は、二代目になるはずだった創業者の息子と娘が両方死んでしまい、住友の血はほとんど途絶えてしまった。そこで何をしたかというと、死んだ息子の嫁と死んだ娘の婿とを結婚させて、住友という名前を継続させたのです。死んだ娘の婿は、じつは、創業者の姉の子どもでしたから血のつながりはあったことはあったのですが、原理的には名前の継続性が至上命令になっていたのです。

さらにいえば、歌舞伎や相撲といった江戸時代から続いてきた伝統芸能や伝統格技でも、襲名《しゅうめい》によって、中村歌右衛門《なかむらうたえもん》や市川団十郎《いちかわだんじゅうろう》、朝潮《あさしお》や二子山《ふたごやま》といった名前が継承されてきています。まさに、はじめに名前ありきの世界であるのです。人間に名前をつけるのではなく、名前に人間をあてはめるのです。たとえ血がつながっていなくても、名前さえ継承していれば、正統性をあたえられることになるのです。

現代という時点から見直してみると、日本の「家」とは、たんなる人類学的な意味での家族ではなくて、「法人」としての性格を色濃くもっていた存在であったことがわかります。三井家の場合、家祖《かそ》とよばれる三井高利《みついたかとし》は子沢山で、隠居後にそのたくさんの子どもたちに本店や支店の経営をまかせました。単純に分家させると、三井の資産が分散してしまいます。そこで、先ほど紹介した「大元方」という機関を設立し、三井家全体の資産をプールして、共同で管理するようにしたのです。それぞれの家の当主《とうしゅ》といえども大元方の資産を分割することは許されず、利益の配当という形でしかそれに関与できなかったのです。それゆえ、大元方に蓄積された資産の実際の所有者は三井家の人間ではなく、三井の「家」そのものだといえるわけです。

ここで面白いのは、家の「当主」という言葉です。ヨーロッパや朝鮮や中国の家族制度では、家族の長は、家族の資産の所有者であることによって、まさに支配者として君臨しています。ところが、日本の「当主」とは、まさに言葉通り、当座の主人でしかないのです。たとえ三井総本家の当主であっても、「家」の支配者という色彩は薄い。むしろ、個々の人間を超越した存在である「家」を末代まで永続させていくことを目的とした、筆頭管理者という色彩が濃いのです。資本家というよりは、法人の代表機関としての経営者に近い役割をはたしていたと考えたほうがよいのです。

その意味で、江戸時代における商家のあり方と、戦前の財閥グループのあり方と、戦後の会社グループのあり方とのあいだには、共通性があるというわけです。それは、江戸時代の商家も資本主義的な会社も、日本の場合は、たんなるヒトの集合であるのではなく、それぞれ「家」や「会社」として、あたかもそれ自体がヒトとしての主体性をもっているかのように存在していたということです。すなわち、法人名目説的ではなく、法人実在説的な存在であったということなのです。

たしかに第二次大戦直後におこなわれたアメリカの占領軍による財閥解体は、戦前の日本資本主義を一瞬のうちに崩壊させたかもしれません。だが、それはその後に現れる資本主義の形態、とくに会社組織のあり方までは、決定することはできなかったのです。戦争の廃墟のなかから、ふたたび会社という組織を作り直していくときに、江戸時代の商家のあり方を規定し、戦前における財閥のあり方にも影響をあたえた、あの「家」という組織文法が強力に作用したのだと思います。結果として、戦後の日本の会社システムは、アメリカの民主化政策の当初の意図に反して、まさに日本型としかいいようのない形態のものになってしまったということなのです。

終身雇用制

会社それ自体が純粋にヒトとなる法人実在説的な会社においては、古典的な企業や法人名目説的な会社とくらべて、組織特殊的な人的資産の蓄積が強くうながされる傾向にあるということを、これまでくりかえしくりかえし述べてきました。いうまでもなく、戦後日本の雇用システムを特徴づけてきた終身雇用制、年功賃金制、会社別組合は、まさにこのような組織特殊的な人的資産の蓄積をうながすための制度的な仕組みにほかなりません。(ただし、この三つの雇用システムは、大会社のおもに男子の正規従業員にしか適用されていません。その割合は、日本の全労働人口の三分の一ぐらいだといわれています)。

終身雇用制とは、会社が苦況におちいったとき以外、会社の都合では従業員をクビにしないという制度のことです。ここで重要なことは、終身雇用制といっても、それは法的な制度ではなく、あくまでも慣行であるということです。雇用法にもどの雇用契約にも、終身雇用という規定はありません。いや、労働基準法は、一年を超える雇用契約は、従業員の自由を拘束してしまうとして、原則的に禁止しているのです。じじつ、もし雇用契約に終身雇用と書いてあったら、それはドレイ契約になってしまいます。（もっとも最近になって、専門的な仕事に携わっている人間や六〇歳以上の人間の雇用にかんしては、三年まで契約期間を延長することが許されるようになっています）。

ただ、日本の場合、一九七〇年代から積み上げられてきた数多くの判例によって、「解雇権濫用」の法理というものが確立されており、二〇〇八年からは「労働契約法」の第一六条として法制化されています。それは、雇用者が従業員を解雇しても、それが合理的な理由を欠き、社会的な通念として是認しえない場合には、無効となるというものです。もちろん、何が「合理的」であり、何が「社会的通念」であるかは、経済状況や社会規範の動向に応じて変わってしまう可能性があります。また、クビになった従業員がこの法理にもとづいて会社と裁判所で争うには、労働組合の支援がないと困難だということもあり、労働組合をもたない会社に勤める人間（そして、もちろん中小企業に勤めている人間）にはその恩恵は及びにくいということもあります。さらに、そもそもこの法理は、第二組合つぶしのような政治的な意味を持つ恣意的な解雇を制約するためのもので、企業が経済的な理由から行う解雇に対しては大きなブレーキになっていなかったという、有力な研究もあります。だが、それにもかかわらず、それは終身雇用制なるものが、少なくとも慣行として日本に厳然と存在していることを示しているのです。

いうまでもなく、同じ会社で長く働くという安心があって、はじめて従業員は、その会社だけに役に立つような熟練やノウハウを身につけようと努力するようになるはずです。終身雇用制こそ、従業員が組織に特殊な人的投資をするインセンティブにほかならないのです。

ただし、解雇権濫用の法理に縛られるのは、会社側だけです。従業員のほうは、原則的には、いつでも辞められます。だが、会社のほうでも、優秀な従業員に早く辞められては困ってしまいます。組織に特殊な熟練やノウハウを身につけてもらうために、さまざまな形の訓練費用を従業員にかけてきたからです。十分に働いてもらう前に辞められてしまったら、それがフイになってしまいます。そこで、従業員に（とりわけ優秀な従業員に）長く会社に勤めてもらうために会社のほうで考え出した仕組みが、年功賃金制度なのです。

年功賃金制度

年功賃金制度とは、勤続年数によって賃金が上がっていく制度ですが、たんに従業員の賃金がそれぞれの生産性（正確には限界生産性）の上昇に比例して上がっていくというのではありません。ここで言う年功賃金制とは、従業員が若いときにはその賃金は生産性以下に抑えられ、従業員の年齢が高くなるとその賃金は生産性以上になるという賃金システムのことです。当然、賃金の伸び率は生産性の伸び率を上回ることになるのです。

これがどういう意味をもっているかというと、若いうちは、会社に与えるもののほうが会社から受け取るものより大きいので、その分、会社に一種の預金をしていることになります。それは、若いうちに辞めてしまうと会社に取られてしまうので、一種の身代金、英語でいうとHOSTAGEの役割をすることになるのです。会社に身柄を預けて、長年働き続けるうちに、この身代金がだんだん戻ってくる。定年まで勤めあげると、そのすべてを取り戻すことができるという仕掛けになっているわけです。同じ会社で長く働けば働くほど有利ですから、従業員には、会社に長く居続けるインセンティブが生まれます。

また、一定の年月を勤続していないともらえない年金や退職金の制度は、これよりもっと直接的な形で、従業員に長期勤続のインセンティブをあたえているはずです。

日本の会社における年功賃金が、生産性の上昇に応じて上がっているのではなく、若いときには生産性以下、年をとると生産性以上の報酬をもらう仕組みだということのひとつの帰結として、停年制度があります。もし停年がなければ、年をとったときには働き以上に報酬をもらうわけですから、いつまでも会社に居続けるインセンティブがある。それで、停年を定めて一律に辞めてもらう。もちろん、停年後にもさまざまな理由で働き続ける従業員がいる場合もあるわけですが、そのような人たちには年功制を適用せずに、生産性に応じた報酬しか与えないことにするわけです。停年後の再就職では、同じ会社であっても、賃金の大幅な低下があるのは、まさにこの理由です。

いずれにせよ、終身雇用制と年功賃金制は、車の両輪であるのです。そして、日本的雇用システムのもうひとつの特徴である会社別組合の存在は、いうまでもなく、日本の従業員が身につけている人的資産の大きな割合が自分が長年勤めてきた会社に固有な熟練やノウハウであるということと、密接に関連しています。

日本的雇用システムの原型

このような日本的雇用システムの原型は、会社システムの原型と同様に、江戸時代に見いだすことができます。

江戸時代の商家における奉公人制度では、一〇代前半で丁稚《でっち》として奉公をはじめ、店や家の雑用全般を引き受けます。無給ですが、衣食住はあてがわれ、読み書きとそろばんの教育をうけます。一〇代の後半で元服《げんぷく》すると、手代《てだい》となり、商いの実務を担当するようになります。手代は給金をもらい、大商家の場合には、時間をかけてさまざまな仕事を学んでいくことになります。手代の年季奉公が終わる二〇代の後半になると、番頭や支配人になり、商売において大きな権限をもつようになります。給金以外の報奨金をもらうこともあります。三〇代に入るころになると、別家《べっけ》といって、所帯をもつことを許され、通いながらの奉公となります。そして、そのなかでも特に功績の大きかったものは、暖簾《のれん》を分けてもらい、自分で店をもつようになるのです。もっとも、丁稚から別家、さらには暖簾分けまで続くこの昇進システムでは、途中で多くのものが脱落していき、別家までに行き着くものは、一〇%にも満たないといわれています。ただ、この割合は現在の日本の会社における重役昇進率よりもとりたてて小さいとは思いませんが。

武家においては、家臣の家柄が重視されていたので、昇進システムは商家にくらべてははるかに狭められていました。だが、主君の家に永続的に仕えるという終身雇用的な要素は、はるかに徹底していました。もちろん、浪人もいて、新しい主君を見つけて仕官するということもあったわけですが、その割合は大きなものではありませんでした。ここで重要なのは、幕末において、江戸幕府や有力諸藩が幕営や藩営の製鉄所や造船所を設立したことです。これらの企業の組織形態は、武家の組織をそのまま反映させたもので、まさに終身雇用制を採用していたのです。

明治になって、日本が近代化路線に邁進しはじめたとき、三井や住友などいくつかの大商家は近代的な企業に転化することに成功し、その後、財閥へと成長していきました。また、長崎製鉄所や横浜造船所などの幕営企業は、官営企業に転身しました。これらの企業は、江戸時代の雇用組織をほぼそのまま近代企業へ移植したのです。そして、三菱財閥や安田財閥など、明治以降に登場した財閥も、企業組織を作り上げるときには、これらの官営企業や大商家企業の組織をモデルにしたといわれています。

ただ、ここで面白いのは、日本型雇用システムの成立に際して、「会社」という制度がはたした役割です。

澁澤榮一と会社制度

日本近代の歴史において、明治維新以降さまざまな西洋の技術や制度が輸入されました。経済についていえば、すでに一八七五年ごろから、福沢諭吉《ふくざわゆきち》などによって株式会社制度の導入が検討されていたのです。実際に会社にかんする法律が制定されたのは、それより遅れて一八九〇年ですが、それでも国際的に見てもかなり早い時期です。日本の近代化のスピードは驚異的であったわけですが、会社という制度も驚異的なスピードで普及したのです。

そのひとつの理由は、すでに述べたように、会社という制度が日本の「家」制度となじみやすかったということがあります。それに加えて、当時の日本には、会社という制度を導入しなければならない、もっと強い必然性があったのです。

明治期における日本資本主義の発達にもっとも大きく貢献した人物のひとりに、澁澤榮一《しぶさわえいいち》がいます。かれのリーダーシップのもとに一八七〇年代に設立された東京商業会議所は、まさに日本の「財界」の走りですし、かれ自身、第一国立銀行や大阪紡績や東京海上や日本郵船など五〇〇以上もの企業の設立や改革に関わっていました。その澁澤榮一が、会社制度導入の仕掛け人であったのです。

日本を近代化するためには、どうしても近代的な技術を駆使した近代的な企業をできるだけ早く軌道にのせる必要がありました。ところが、当時、そのような技術を使いこなせる知識や、そのような企業を経営しうる能力は、大学でしか学べません。だが、エリートであった「学士様」たちは、官庁志向が強く、民間企業にはなかなか来てくれません。武士階級出身のものも多く、民間企業で働くなどは、商家で丁稚奉公をするぐらい屈辱的なことのように見えていたのです。

澁澤は、そういう学卒エリートを民間企業に引きつけるために、できるだけ早く会社制度を確立する必要があると考えたのです。なぜならば、すでに何度も述べたように、法人としての会社は「社会的な公器」であるからです。企業が会社になっていれば、そこで働くことは、三井や岩崎といった家の私的な奉公人になるのとはちがい、会社という公共性をもった器のなかで働くことになる。それは、官僚になるのと同様に、天下国家のためになるというわけです。

そして、実際、澁澤栄一の説得が実を結び、会社制度の普及にともなって、大学卒のエリートたちが、技術者として、経営者として、民間企業、とくに財閥系の企業に、大量に就職するようになりました。そして、彼らは企業内部における昇進によって、次第にトップ・

マネージメントに参加するようになったのです。これは、ケンブリッジやオックスフォードなどの大学を卒業したエリートが民間企業で働くことを軽蔑していたイギリスなどと大きく異なる、日本資本主義の特徴のひとつとなりました。

近代における日本的雇用システムの系譜

しかしながら、明治期において、江戸期からの伝統を引き継いだ形の終身雇用制度が存在していたといっても、それはごくわずかの企業だけでしたし、しかもおもにホワイト・カラーに限られていました。基本的には、江戸時代においての通常の雇用形態は日雇いでしたし、明治時代から大正時代にかけても、通常の雇用形態はやはり短期的なものでした。ブルー・カラー労働者は、横山源之助《よこやまげんのすけ》のいう日本の「下層社会」を形成し(『日本の下層社会』、岩波文庫)、仕事を求めて工場から工場へと渡り歩いていたのです。

日本の会社がブルー・カラーにたいしても積極的に終身雇用的な制度を導入するようになったのは、二〇世紀の前半、日本でも財閥を中心として重化学工業化が始まったころです。第一次世界大戦でヨーロッパ全域が戦争に巻き込まれ、工業生産力のかなりの部分が戦争目的に使われてしまい、全世界的に工業生産の供給不足がおこりました。いわば漁夫の利を得た日本は、世界市場に向けて急速に重化学工業化をすすめ、その後の経済発展の基礎を築きあげたのです。しかし、そのときの重化学工業化があまりに急激だったため、その生産をになう肝心の熟練工や技能工が大量に不足したのです。

先行資本主義国であったイギリスでは、労働者は各人が自分で熟練や技能を手に入れ、熟練工や技能工として企業に雇用され、そこで働くという形態になっていました。日本でも手工業的な熟練や技能をもった職人はいましたが、彼らのカンやコツは重化学工業が導入した科学的な技術には役に立たない。そこで、それぞれの会社が、自前で熟練工や技能工を養成しなければならなくなったのです。たとえば、それまでは官営から民間に払い下げられた長崎造船所や八幡製鉄所などにしかなかった工場内の訓練所が、多くの会社のなかに設置されるようになりました。

会社内の熟練や技能の養成には大きな費用がかかります。会社としては、せっかく費用をかけて養成したあげくに、逃げられたら困る、ということで、長期雇用を確保するために、できるだけ白紙の状態の「新卒」者を採用し、しかもそのような「子飼い」の労働者にたいして年功的な賃金と昇進の制度を導入するようになります。これが、日本的な雇用システムの近代における出発点にほかなりません。

ただし、このような終身雇用制と年功序列制が、一部の重化学工業だけでなく、産業全体に拡がりはじめたのは、第二次大戦中です。戦時目的のための生産至上主義が、それを後押ししたのです。さらに、産業報国会のもとで、国家に奉仕する同じ勤労者として、ブルー・カラーも「人並み」、すなわちホワイト・カラー並みに扱うという日本的な平等主義が成立しました。これによって、ホワイト・カラーもブルー・カラーも、ともに同じ終身雇用制と年功序列制の傘の下にはいるという、真の意味での日本的な雇用システムが成立することになったのです。

敗戦の後、アメリカによる上からの改革にもかかわらず、終身雇用制と年功序列制は引き継がれることになりました。もちろん、戦争直後は、多くの会社の経営は不安定でしたから、従業員の雇用も安定していませんでした。だが、高度成長の始まる一九五五年ごろまでには、雇用も安定し、終身雇用も年功序列も、すくなくとも大会社の男子の正規従業員にかんしては、一種の制度的な慣行として定着するようになったのです。

ただ、日本の大会社の従業員が、終身雇用制や年功序列制を一種の雇用の規範として意識するようになったのは、じつは、一九五八年に、アメリカの経営コンサルタントであったジェームス・アベグレンの『日本の経営』という書物が日米で出版され、その日本語版のなかに「終身雇用」という言葉が使われて以来なのです。それまで、この事実は、労使関係論や社会政策論を専攻している研究者のあいだではよく知られた事実であったのですが、それを日本の従業員がみずから明示的に意識するようになったのは、この書物がベスト・セラーになったことに大きくよるといわれています。そして、終身雇用制がたんなる意識された規範としてだけではなく、解雇権濫用の法理という判例の形で制度化されるようになったのは、さらに遅れて一九七〇年代になります。皮肉なことに、終身雇用制の崩壊が声高に語られはじめるのは、それからすぐのことでした。

会社別組合の系譜

終身雇用制と年功序列制にくわえて、日本的な雇用システムのもうひとつの柱は、会社別組合(COMPANY UNION)です。もちろん、他にまったくないわけではないのですが、全世界的に見ればかなり日本に特徴的なものです。普通、労働組合といえば、職業組合(CRAFT UNION)あるいは産業別組合(INDUSTRIAL UNION)のことです。それぞれの会社に組合があるとしても、それは職業組合や産業別組合の会社支部でしかないのです。

職業組合は、イギリスに典型的に見られます。同じ職業をもっている労働者は、たとえ職場は異なっていても団結し、自分たちの権利を主張していくのです。イギリスにおいては、機械制工場が発達する以前からさまざまな熟練や技能をもつ職人がすでに大量に存在し、それぞれ労働市場を形成していました。労働組合の生成期において、運動の中心になったのは、工場労働者ではなく、これらの職人でした。かれらは入職者の規制や相互の競争の制限などによって、勃興する産業資本家たちにたいして、自分たちの労働条件を守ろうとしたのです。

アメリカでは、労働組合の生成期が、重化学工業が発達していた時期にあたり、運動の担い手はもはや職人ではなく、工場労働者でした。工場労働者の熟練や技能は、職業ごとよりは産業ごとのほうが大きく共通していると考えられたことから、自動車産業で働いていれば、フォードで働いてもGMで働いてもクライスラーで働いても、同じ自動車労組に入り、自動車産業全体の雇用者に対抗していくのです。

職業組合の場合も産業別組合の場合も、その背後には、同一労働同一賃金という思想が強固に控えています。そして、そのさらに背後には、会社などというものはたんなる名前にすぎないという法人名目説が控えているのです。

第二次世界大戦が終わったとき、アメリカの占領軍は、ただちに労働組合法を成立させ、日本の企業の内部における雇用関係を近代化しようとしました。その時、アメリカが最初に意図したのは、日本にもアメリカ型の産業別組合を育てていこうというものでした。しかし、それはうまくいかず、結局、戦後日本で支配的になったのは、ブルー・カラーもホワイト・カラーも一体となった会社別組合でした。

そのひとつの理由は、政治的なものでした。敗戦直後の労働運動の高揚は、一九四七年にマッカーサーが二月一日に計画されていたゼネラル・ストライキに中止命令を出すまで続いていました。日本の共産主義化をひどく恐れていた占領軍は、個々の会社を横断する産業別組合のほうがはるかに共産党の勢力を伸ばす温床になると考え、その勢力を分断する意図もこめて、会社別に労働組合が組織化されることを容認したのです。

そして、もちろん、より根源的には、終身雇用制と年功序列制のもとで組織特殊的な人的資産を蓄積している従業員は、ほかの会社で働く同じ職種の人間や、ほかの会社で働く同じ産業の人間よりも、同じ会社のほかの従業員とのほうが、はるかに利害が一致しているからだということです。その背後に、法人実在説が控えていることはいうまでもないでしょう。

これも、アメリカ主導の経済民主化が、結果的には、日本的としかいいようのないシステムを生み出した、もうひとつの例にほかなりません。

第七章　資本主義とは何か

資本主義とは何か

いま日本型の資本主義が苦境におちいっています。ひとつには、バブルの崩壊の後遺症や政策当局の失敗という短期的な要因があります。だが、現在の日本経済の低迷は、たんなる景気循環の一局面には還元できない、はるかに長期的な潮流の変化の結果でもあるのです。それは、資本主義の「グローバル化」であり、「IT化」であり、「金融革命」です。日本型の資本主義、とくに法人実在説的な日本型の株式会社が、グローバル化とIT革命と金融革命へ対応できず、苦しんでいるのです。なぜなのか？　その理由を考えるためには、いったん日本型の資本主義を離れて、より広い見地から「資本主義」の歴史を振り返ってみる必要があるのです。（以下で展開する資本主義論は、わたしの『ヴェニスの商人の資本論』（筑摩書房、一九八五、ちくま学芸文庫、一九九二）にもとづいています）。

商業資本主義、産業資本主義、ポスト産業資本主義

資本主義とは、利潤を永続的に追求していく経済活動のことです。

資本主義の歴史は古い。それは、マルクスの言葉を借りると、「ノアの洪水以前」から、「商業資本主義（MERCHANT CAPITALISM）」という形で存在していたのです。この太古の昔からの商業資本主義とは、さらにマルクスの言葉を借りれば、「いろいろな世界のあいだの隙間にいたエピクロスの神々のように」生きていました。たとえば古代メソポタミアの商人は、すでに五〇〇〇年以上も前から、船に乗ってユーフラテス川を行き来したり、ラクダに乗って砂漠地帯を渡ったりして、遠隔地とのあいだで石英ガラスや黒曜石やアスファルトなどの貿易をしていたことが知られています。かれらは地理的に離れた二つの市場のあいだに入り込み、一方の市場で安いモノを他方の市場で高く売っていたのです。二つの市場のあいだに存在する価格の差異が、利潤として彼の手元に残るわけです。

すなわち、商業資本主義とは、二つの市場のあいだの価格の差異を媒介して利潤を生み出す方法にほかならないのです。

差異性から利潤を生み出す——太古に商業資本主義が発見したこの原理は、商業資本主義にのみ通用する原理であるのではありません。それは、じつは、すべての資本主義に通

用する資本主義の一般原理なのです。

一八世紀後半からイギリスではじまったいわゆる「産業革命(INDUSTRIAL REVOLUTION)」は、動力機械や紡績機械の発明や改良によって、多数の労働者を使って大量生産をおこなう工場システムを可能にしました。その結果、それまでの小規模な家内工業よりも、労働者の生産性が飛躍的に高まることになったのです。

産業革命を境にして、資本主義の支配的な形態は、商業資本主義から産業資本主義へと転換することになりました。産業活動を通して利潤を生み出す資本主義です。

だが、この「産業資本主義(INDUSTRIAL CAPITALISM)」なるものが成立するためには、産業革命だけでは十分ではありません。いくら工場システムによって労働者の生産性が上がったところで、それに応じて労働者の実質賃金が高くなってしまえば、利潤は生み出せません。生産活動から利潤が生み出されるためには、販売収入が生産費用を上回っていなければなりませんが、労働者ひとりあたりの販売収入はその生産性によって規定されますし、労働者ひとりあたりの生産費用の多くの部分は賃金が占めているからです。労働生産性と実質賃金率とのあいだの差異性こそ、産業資本主義の利潤の源泉なのです。

産業資本主義が成立するためには、それゆえ、生産力以下の安い賃金で働く大量の労働者が存在しなくてはなりません。そして、それを歴史的に保証したのが、農村における過剰人口の存在です。マルクスの言葉を借りれば、「産業予備軍（INDUSTRIAL RESERVE ARMY）」です。当時の農村は、早くから資本主義的精神をもっていたといわれているイギリスといえども、完全には資本主義化していませんでした。多くの人間が、共同体原理によってお互いを助け合いながら、生存ぎりぎりの生活をしていたのです。そして、そのような人間は、都会に仕事があれば、いくらでも田舎を出ていく用意がある。その結果として、都会で工場を経営している資本家は、労働者の賃金を生存水準ぎりぎりの低い水準に抑えることができました。なぜなら、それ以上の賃金を要求する労働者をクビにしても、農村の産業予備軍から安い賃金でも働きたい労働者がどんどん都市に流れ込んでくるからです。企業家は、大量生産用の機械を備え付けた工場さえ所有できれば、安価な労働力を大量に雇用して、大幅な利益率を確保することができるのです。

すなわち、産業資本主義とは、結局、産業革命によって上昇した労働生産性と農村の産業予備軍によって抑えられた実質賃金率との間の差異性を媒介して利潤を生み出す方法にほかならなかったのです。

一八世紀の後半にイギリスに産業革命が起こって以来、産業資本主義は西ヨーロッパ、それからアメリカを支配しました。そして、一九世紀の後半からは日本にも産業資本主義が進出したのです。それは、資本主義とは産業資本主義のことを意味していた時代であったのです。

しかしながら、一九七〇年代に入ると、産業革命以来長期にわたって世界を支配してきた産業資本主義が、少なくとも先進資本主義国のなかでは、終わりを告げるようになったのです。

その理由は、明らかです。産業資本主義の拡大は、いつかは産業予備軍を使い切ってしまいます。そして、先進資本主義国のなかでは、二〇世紀の後半において、とうとう農村の過剰人口が枯渇してしまったのです。工場労働者の実質賃金率が上昇し始め、労働生産性との間の差異性を縮めてしまいます。もはや機械制の工場をたんに所有するだけでは、利潤を確保できなくなったのです。

利潤は差異性からしか生まれません。もはや産業資本主義が依拠していた労働生産性と実質賃金率との間の構造的な差異性には依拠できなくなったのです。企業はそれぞれ、新しい製品を開発したり、新しい技術を発明したり、新しい市場を開拓したり、新しい組織形態を導入したりして、みずからを他の企業から差異化することによってしか利潤を生み出すことができなくなったのです。すなわち、資本主義が資本主義でありつづけるためには、今度は、意識的に差異性を創り出さなければならなくなったのです。それが、いまわたしたちの目の前で進展している「ポスト産業資本主義(POST-INDUSTRIAL CAPITALISM)」といわれている事態にほかなりません。それはまた、「脱工業化社会」とか「高度情報化」とか「知識社会化」とか「第三の波」とかよばれている事態でもあります。

ポスト産業資本主義の時代とは、すべてが絶えず変化する、本当に目まぐるしい時代です。このポスト産業資本主義にかんしては、企業が新しい製品や新しい技術や新しい組織形態や新しい市場をつねに追求せざるをえないということで、その「新しさ」がひたすら喧伝されています。なにしろ、そこでは、「新しさ」が価値なのです。いや、「新しさ」しか価値がないと言ったほうがよいでしょう。なぜならば、どのように独創的な製品も、最先端の技術も、画期的な組織形態も、未開拓な市場も、いつかは必ず他の企業によって模倣されたり、改良されたり、追随されたり、参入されたりしてしまい、その差異性を失ってしまうからです。利潤は差異性からしか生まれません。それゆえ、それぞれの企業が永続的に利潤を生み出していくためには、たえず新しい技術や新しい製品や新しい組織形態や新しい市場を追求せざるをえないのです。

そして、このような「新しさ」の洪水におぼれてしまい、ポスト産業資本主義こそ歴史始まって以来の新しい社会であるなどと、興奮して語りはじめる人間も出てくる始末です。だが、ポスト産業資本主義の時代がこのように「新しさ」を追求せざるをえない時代であるといっても、ポスト産業資本主義を支配している原理そのものには、何の新しさもありません。それは、差異性から利潤を生み出していくという資本主義の基本原理以外の何ものでもないのです。それまでの資本主義とちがっているところがあるとしたならば、それはそれが資本主義の基本原理を意識的に利用しているという点にあるのです。それはまさに「ポスト・モダン」な資本主義にほかならないのです。

IT革命、グローバル化、金融革命

さて、このように「ポスト産業資本主義」を理解してみると、IT革命もグローバル化も金融革命も、それぞれが独立した現象ではなく、まさにポスト産業資本主義の三つの現れ方にすぎないことがわかります。

じつは、ポスト産業資本主義のことを脱工業化社会とか高度情報化とか知識社会化とか第三の波とか呼んでいる論者、さらにはつい最近までＩＴ革命の「革命性」を熱っぽく説いていた論者の多くは、一種の技術史観にとらわれているのです。かれらは、情報技術（ＩＴ）の進歩のあまりの急激さと広範さに目を奪われてしまい、情報技術の進歩によって資本主義の変化が引き起こされていると考えています。だが、このような考え方は、原因と結果とを取り違えているのです。

ポスト産業資本主義とは、差異性を意識的に創り出すことによって利潤を生み出していく資本主義の形態です。そのなかの企業は、基本的には、新しい技術の発明や、新しい製品の開発や、新しい組織形態の導入や、新しい市場の開拓といった形で、ほかの企業ができないことをおこなうことによって、一時的にでも独占利潤を確保していかざるをえません。そして、一九七〇年代あたりから、まさに情報技術が科学技術のフロンティアとなっていたことによって、ポスト産業資本主義のなかで、ＩＴ革命が急速に進展したのです。

いや、じつは、ポスト産業資本主義とＩＴ革命とのあいだには、より本質的な関係があります。なぜならば、差異性を意識的に創り出すことによって利潤を生み出していくというポスト産業資本主義の利潤創出方法を究極にまで推し進めると、それは「情報の商品化」に行き着くことになるからです。

情報とは差異性です。ひとつリンゴを食べた後に、もうひとつリンゴを食べても、それはれっきとしたリンゴとして味わうことができます。もっとも、多少は食欲がおちてしまうことは確かですが。ところが、すでにコンピュータのソフトウェアをひとつ使っているとき、それと同じソフトウェアを手渡されても、それは何の役にも立ちません。もうひとつのソフトウェアが情報として意味をもつためには、それが最初のソフトウェアと何らかの点で異なっていなければならないのです。同一の情報は、情報として価値をもちません。情報とは、経済的には、まさに差異性としてしか意味をもたないのです。

情報の商品化——それは、したがって、差異性の商品化と言いかえることができます。差異性そのものを商品として売ることによって利潤を得る——それは、まさにポスト産業資本主義の究極の形態であるということになります。

いま世界中で情報技術革命を引き起こしているのは、まさにこの情報の商品化にほかなりません。情報そのものが商品化されることによって、情報を処理する技術や情報を伝達する技術——それらも、もちろん、情報の一種です——の開発がうながされ、商品化しうる場合には商品として売り出されます。それによって情報処理技術や情報伝達技術が普及すると、そのような技術によって伝達されたり処理されたりする情報の商品化がますます盛んになっていくのです。

情報技術の発展が資本主義の変化をもたらしたのではないのです。逆です。資本主義のポスト産業資本主義化が、情報技術の発展をうながしているのです。差異性から利潤を生み出すという資本主義の基本原理を意識化したポスト産業資本主義が、差異性そのものとしての情報の商品化をうながし、情報の処理や伝達のための技術の発展を引き起こしたのです。

グローバル化についても同様のことが言えます。

多くのひとは、交通機関の発達や情報通信の高速化が、グローバル化をもたらしたと考えています。もちろん、ヒトやモノやカネや情報の移動が技術的に容易になったことが、グローバル化をおおいに進めたことは、確かです。だが、重要なのは、近年の急速なグローバル化の背後には、先進資本主義国のポスト産業資本主義化があるということなのです。

アメリカや西ヨーロッパといった先進資本主義国において、農村共同体に滞留していた過剰な労働人口が枯渇し、もはや国内では安い賃金で労働者を調達できなくなってしまいました。そこで、旧来型の産業資本主義的企業は、一方で、大量生産の利益をさらに追求して生産性を上げるために、国民国家の国境を越えて積極的に販売活動をおこなわざるをえなくなったのです。そして他方で、相対的に賃金の安い労働者を求めて、発展途上国や新興工業国に積極的に投資せざるをえなくなったのです。それは、国外の労働者をかつての産業予備軍のように扱うことです。ユニクロなどが中国で生産するのも、そうした流れのひとつです。すなわち、国内で産業資本主義の原理が有効性を失ったことによって、まさに世界全体を舞台として産業資本主義の原理を追い求めた結果が、貿易の自由化であり、資本移動の自由化であり、いわゆるグローバル化にほかならないというわけです。

そして最後に、金融革命についても、同じように、産業資本主義からポスト産業資本主義へという資本主義の流れのなかに位置づけることができます。

産業資本主義の時代においては、おカネさえもっていれば、ほぼ自動的に利潤を手に入れることができました。なぜならば、農村の産業予備軍の存在が安価な労働力の供給を保証してくれましたから、そのおカネを大量生産用の機械に投資しさえすれば、実質賃金率をおおきく上回る労働生産性を確保できたからです。だが、ポスト産業資本主義の時代に入ってからは、労働者の実質賃金率はたえず労働生産性に向かって上昇していきます。もはや機械制工場のオーナーになっているだけでは、利潤は得られないのです。そしてそれは、おカネをたんにもっているだけでは利潤が得られないということを意味するようになったのです。

利潤は差異性からしか生まれません。おカネから利潤を生み出すためには、そのおカネが媒介できる何らかの差異性を見つけだしていかなければならないのです。

そもそも金融市場とは、差異性を媒介するための市場にほかなりません。たとえば、債券市場とは、いまはおカネを必要としない人からいま必要とする人へと、おカネが手渡される市場です。外国為替市場とは、たとえば円市場であれば、日本のおカネを必要としない人から必要としている人へと、ドルと引き換えに円が手渡される市場です。先物市場とは、たとえば石油の先物市場であれば、将来の石油価格にかんしてリスクを取りたい人からリスクを取りたくない人へと、将来一定の価格で石油を渡す約束が手渡される市場です。このように、債券市場や外為市場や先物市場といった金融市場で取り引きを仲介している個人や金融機関は、時間や空間やリスクに対するひとびとの好みや必要性のあいだの差異性を媒介して、利潤を得ているのです。そこに働いているのは、まさに太古の昔からある商業資本主義の原理にほかなりません。

そして、一九八〇年代あたりから、それまで国境で大きく分断されていたこれらの金融市場が、一方でＩＴ革命による情報伝達技術や情報処理技術の急速な発達によって、他方で、イギリスのサッチャー政権やアメリカのレーガン政権がイニシアティブをとった金融制度の大幅な自由化の圧力によって、おたがいに緊密につながり始めたのです。それは、またたくまに、グローバル金融市場とでもいうべき、ひとつの大きな金融市場に成長してしまったのは周知のとおりです。

そしてやはり一九八〇年代あたりから、同じく金融のグローバル化と自由化の流れのなかで、金融先物市場や金融オプション市場や金融スワップ市場といった、いわゆるデリバティブ（金融派生商品）市場が次々と登場してくるようにもなります。それは、時間や空間やリスクをさまざまに分解したり、さまざまに組み合わせたりして、ひとびとのあいだの差異性をさらにきめ細かく媒介していく金融市場にほかなりません。

このような金融市場の飛躍的な急拡大こそ、近年、金融革命とよばれている事態の一環にほかなりません。もちろん、このような金融革命の直接の引き金を引いたのは、ＩＴ革命と金融制度の規制緩和です。だが、ここで強調すべきなのは、その背後にあるのは、資本主義の基本原理を意識化して、つねに新しい差異性をもとめ続けていかなければならない、ポスト産業資本主義の力であるということです。

金融革命とおカネの力

ところで、これまで多くのひとびとは、この金融革命という現象は、おカネの支配力が増したことによって引き起こされたと考えてきました。金融市場の地理的な拡大やグローバル化とは、おカネの支配がまさにグローバルな規模にまで拡大したことの結果であると、見なしてきたのです。じじつ、一九九七年の夏にタイで勃発し、またたくまに全世界に波及したあのアジア通貨・金融危機は、グローバルなおカネの動きによって世界経済全体が大きく揺り動かされてしまうことを示したことによって、一見すると、おカネの支配力が拡大していることを証明しているかのようでした。

だが、この金融革命という現象を、産業資本主義からポスト産業資本主義への移行という視点から眺め直してみると、それとはまったく反対の結論が浮かび上がってきます。このようにおカネが世界中を自由に動き回るようになったのは、おカネの支配力が増したからではない。それは、逆に、おカネの支配力が弱まったことの結果にほかならないということです。

産業資本主義時代においては、おカネは絶対的な支配力をもっていました。おカネをもってさえいれば大規模な機械設備を手に入れることができ、機械制工場を設立しさえすれば、安価な労働者を大量に雇って、ほぼ自動的に一定の利潤を確保することができたからです。おカネをもつものが資本家となり、おカネをもたざるものが労働者となり、そのあいだに支配と被支配の関係が成立していたわけです。

ところが、ポスト産業資本主義になると、すでに述べたように、もはや機械制工場のオーナーであるだけでは、利潤は得られなくなっています。なんとか差異性を見つけだしたり創り出したりしなければ、利潤を生み出すことはできません。たんにおカネをもっているだけでは利潤が得られないのです。おカネの支配力が弱まってしまったのです。そして、まさにおカネの支配力が弱まってきたからこそ、おカネの所有者は、わずかな利幅でもよいから、すこしでも有利な投資先を求めて、世界中を動き回らざるをえなくなったのです。

ポスト産業資本主義の時代とはおカネの支配力が弱まっていく時代であるというこの結論のもつ意味は、「ポスト産業資本主義における会社の新しい形」を探る第九章において、さらに詳しく論じられることになるはずです。

日本における産業資本主義からポスト産業資本主義への移行

ところで、日本の場合、産業資本主義の衰退は、いわゆる高度成長期の終わりと時期を同じくしています。

一九五〇年代からはじまった日本の高度成長を支えてきたのは、農村から都会への大量の人口移動でした。農家の次男、三男が大量に都会へ出てきたのです。その結果、日本の地理的な人口構成が激変してしまったのです。

当時のニュース映画などを見直すと、東北線の終着駅であった上野駅に、農村からの集団就職者が大量に到着している場面が映しだされたりします。このような集団就職者が次から次へと上野駅やほかの終着駅に押し寄せてきている間は、都会の工場労働者の賃金は低く抑えられていたのです。もちろん徐々には賃金は上がっていったのですが、その上昇率が工場の生産性の上昇率を下回っている限り、産業資本主義の原理を働かせることができたのです。だれでも、十分な資金を確保して工場さえ建設できれば、相対的に安い賃金で大量に労働者が雇え、ほぼ自動的に利潤を生み出すことができたのです。

ところが一九六〇年代の後半になると、農村から都会への人口移動のスピードが急速に減退するようになりました。都会における資本主義的産業の高度成長は、都会人口を急速に拡大させ、二〇年にも足りない短い期間に、農村の産業予備軍を枯渇させてしまったのです。それまで、集団で都会の職場に就職してきた中学卒業生がたちまち足りなくなって、

「金の卵」とよばれるようになり、攻守ところを変えて、今度は中小企業の社長さんが農村に出向いて、就職希望者をさがすようにまでなってしまいました。そういう状況のなかで、都市労働者の賃金率の急速な上昇がはじまったのです。

それは何を意味するかというと、安い賃金で労働者を雇えなくなったことによって、単に機械や設備をもっているだけでは、もはや利潤を出しにくくなってしまったということです。これによって、戦後日本の高度成長は終わります。そして、それは日本において、産業資本主義の原理が働かなくなってきたことを意味しているのです。

日本の高度成長が終わったのは、一九六〇年代の後半です。それにすこし遅れた一九七三年にいわゆる第一次オイルショックがあったこともあり、高度成長の終焉はオイルショックによるものだと考えるひとびとも多かったのですが、最近では、高度成長に終止符をうったのは、農村の産業予備軍の枯渇であったという見方が、少なくとも経済学の学界のなかでは確立しつつあります。

その意味で、一九七〇年代から日本の経済は、これまでの産業資本主義的なあり方からポスト産業資本主義的なあり方へと、移行せざるをえない状況におちいっていたのです。じじつ、このあたりから日本経済の産業構造が大きな変化をとげ始め、高度成長を先導してきた製鉄や造船といった重厚長大産業の地盤が徐々に沈下し始めています。

だが、それにもかかわらず、一九七〇年代から八〇年代にかけての日本経済は、基本的には産業資本主義的な構造を維持したまま成長を続けていました。いや、七〇年代の後半から八〇年代の後半にかけては、「ジャパン・アズ・ナンバー・ワン」と言われて、有頂天にすらなっていたのです。では、なぜ、そのとき、日本経済は、賃金の急速な上昇にもかかわらず、それまでの産業資本主義原理をそのまま用いることができたのでしょうか？

その理由は、簡単です。日本の生産性は、一九八〇年代初頭までは、アメリカやヨーロッパに大きく遅れていたからです。外国ですでに使われていた技術を模倣したり改良したりすることによって、賃金の上昇率を上回る生産性の上昇率をまだ生み出すことができたからなのです。それによって産業予備軍が枯渇したのにもかかわらず、産業資本主義的に利潤を生み出すことが可能であったのです。

それがついに、八〇年代の後半に至って、模倣したり改良したりしうる既存の技術のストックが底をついてしまいました。産業予備軍ならぬ、技術予備軍が枯渇したといってもよいでしょう。もちろん、先端技術にかんしては、国の内外を問わず、どの企業も簡単には模倣させてくれません。特許をはじめとしたさまざまな制度や手段を使って、その秘密をガードしています。しかも貿易も資本移動も技術移動も大幅に自由化されたいま、先端的な技術をもつ外国企業は、日本企業に模倣される前に、それを体化した製品を日本に輸出したり、それを中核にした企業を直接日本に設立したり、それをライセンスの形で高く日本企業に売りつけたりするようになっています。

日本経済は、とうとう産業資本主義の行き詰まりに直面せざるをえなくなったのです。

アメリカのポスト産業資本主義は六〇年代から始まっている

アメリカ経済の場合、それが産業資本主義からポスト産業資本主義へと本格的に移行し始めたのは、一九七〇年代の初頭においてだと言われています。

だが、その萌芽《ほうが》は、すでに六〇年代からみられました。その証拠に、いわゆる会社の買収合戦がアメリカで盛んになったのは六五年あたりなのです。それは、たんに機械制工場を所有しているだけでは利潤が得られなくなってきたということの、ひとつの結果であると考えられます。会社を新たに設立するよりも、既存の会社の市場価値と資産価値のあいだの差異性を媒介したほうが、場合によっては、より多くの利潤が得られるようになってきたからです。また、さらにそのころ、統計的にも、アメリカの産業構造が次第次第に第二次産業から第三次産業へとその重点を移しつつあることが、経済学者や社会学者によって指摘され始めていました。

そして、そのような趨勢《すうせい》のなかで、一九七〇年代にはいって、フリッツ・マハルップやダニエル・ベルやアルビン・トフラーといった人たちが、「知識社会化」とか「脱工業化社会」とか「第三の波」とかいう言葉を使い始めたのです。それらの言葉が、わたしが言うポスト産業資本主義と同じ現象を指していることは、いうまでもありません。ただし、わたしが知識社会や脱工業化社会や第三の波といった言葉を使わないのは、これらの言葉が指し示している現象は、新しい社会の登場などではなく、すべて資本主義の枠組みのなかの出来事であるということを強調しておくためです。

日本が産業資本主義の原理を使って繁栄を謳歌している時期から、すでにアメリカはポスト産業資本主義への移行を開始しはじめた、ということになります。そして、日本経済の場合、一九八〇年代にいたるまで、産業資本主義の原理を可能な限り延長させることによって、絶好調さを保っていたのにたいして、ちょうどそのころアメリカ経済は絶不調であり、一時は日本がアメリカに追いつき追い越したかのようにみえました。

だが、それはいま考えれば、アメリカが産業資本主義からポスト産業資本主義に移行をはじめた時期に重なっていたのです。アメリカ経済が、ポスト産業資本主義へいち早く変身しはじめ、逆に、日本経済はその変化が遅れたことによって、一見、日米が逆転したように見えたのです。そして、一九九〇年代に入って、アメリカのポスト産業資本主義化が一段落したことにより、その逆転が一時的なものにすぎなかったことが、明らかになってしまったというわけです。

しかしながら、ここで新たな疑問がわき起こってきます。日本型の資本主義は、現在進行中のグローバル化、IT化、金融革命の流れのなかで、みずからをポスト産業資本主義的に変身させることができずに、ひどく苦しんでいます。もちろん、アメリカ型の資本主義もポスト産業資本主義への移行期にはかなりの低迷を経験しました。だが、同じ移行期にともなう低迷といっても、日本型資本主義が現在おちいっている低迷のほうがアメリカ型の資本主義が経験した低迷にくらべて、はるかに深刻で長期にわたっています。それはなぜなのでしょうか。

その問いに答えるためには、ここでもう一度日本を離れ、これまで一括して扱ってきた一八世紀の後半から二〇世紀の後半にわたる産業資本主義の時代について、もうすこしきめ細かく考察し直してみる必要があるのです。

後期産業資本主義と組織特殊的人的資本

産業革命は、少なくとも二回あったといわれています。最初の産業革命は、一八世紀の後半のイギリスにおける繊維工業の機械化からはじまりました。そして、一九世紀の後半から二〇世紀の前半にかけて、今度は後発資本主義国であったアメリカやドイツを中心にして、製鉄業や機械工業や石油精製業や化学工業などにおいて次々と大きな技術革新が起こったのです。重化学工業部門を中心としたこれらの技術革新は、軽工業を中心とした一八世紀後半の技術革新と対比するために、第二次産業革命とよばれることがあるのです。

第二次産業革命の最大の特徴は、それが大規模な機械設備を必要とすることです。もちろん、第一次産業革命によって登場した繊維工業や印刷業や鉱山業も、それまでの農林水産業や家内工業にくらべれば、大規模な機械設備を必要としていました。だが、第二次産業革命によって大きく発展した製鉄業や機械工業や石油精製業や化学工業などが必要とする機械設備の規模は、それとはケタがちがっていたのです。そして、そのような大規模な機械設備を使った大量生産は、労働生産性をやはりケタちがいに上昇させることになりました。

このことによって、先進資本主義国における企業の形態に大きな変化が起こったことはすでにのべましたが、ここでもう一度おさらいしておきましょう。

それまでの企業は、ひとりの企業家やひとつの家族によって直接所有された古典的な企業であるか、株式会社の形態をとっている場合でも、数人の企業家や一握りの家族が支配株主になっている法人名目説的な株式会社であったのです。そこでは、所有者が会社を直接経営し、同じことですが、経営者がみずから会社を所有していました。たとえ、専門的な経営者を雇ったとしても、支配株主は自分の息のかかった人物を経営者に据えつけ、その経営内容にも積極的に口出しをしていたのです。

だが、第二次産業革命以降、もはや少数の有力な家族が個人的に所有している資産では、ひとつの会社が必要とする機械設備ですらまかなえなくなってしまいました。重化学工業部門の多くの会社は、株式市場を通して、零細な資金しかもっていない一般大衆から大量の資本をかき集めざるをえなくなってきたのです。これは、まず第一に、株主の支配力を弱める方向にはたらきます。じじつ、バーリとミーンズが指摘したように、多くの会社では、もはやだれも支配株主にはなれないほど、株式の所有が大衆化してしまったのです。

しかしながら、それ以上に重要なのが、専門経営者と工業技術者と熟練労働者の登場です。

規模の経済（ECONOMIES OF SCALE）・範囲の経済（ECONOMIES OF SCOPE）という言葉があります。規模の経済とは、ひとつの製品を大量に生産することによる生産費用の低下のことです。範囲の経済とは、多数の製品を同時に生産することによる生産費用の低下のことです。規模の経済という言葉は、昔からどの経済学の教科書にものっていた言葉ですが、範囲の経済という言葉は、経営史家のアルフレッド・チャンドラーJr.が一九九〇年に『スケール・アンド・スコープ』（原題は、SCALE AND SCOPE）という本を出してから、多くの人が使うようになった言葉です。第二次産業革命以降の大規模な機械設備の導入は、まさに規模の経済と範囲の経済とが大きく働く可能性を生み出したというのです。

いまわたしは、規模の経済と範囲の経済とが働く「可能性」を生み出した、としか言いませんでした。なぜならば、規模の経済や範囲の経済が「現実化」するためには、たんに工場に機械設備を据えつけただけでは十分ではないからです。

投資の費用が巨大な固定費としてのしかかってきます。据えつけた機械設備の稼働率を十分に高く保っていかなければ、生産費用は十分には下がってくれないのです。そして、機械設備の稼働率を高く保っていくためには、短期的には、原材料の仕入れから仕掛《しかか》り品の管理を経て生産物の販売にいたる一連の過程を、注意深く調整していく必要がありますし、長期的には、仕入れ先の選別や生産過程の組織化や販売網の拡充などにかんして、市場の動向を見極めながら、これも注意深く計画をたてていくことが必要となります。もちろん、そのような調整や計画をおこなうためには、労働者のノウハウと技術者の開発力と経営者の企画力が不可欠です。しかも、そのような熟練や知識、すなわち人的資産の大部分は、汎用的であるよりは、組織特殊的なものであるのです。

このように、第二次産業革命以後の産業資本主義の発展において、専門経営者の組織特殊的な人的資産が本質的な役割をはたしたことを膨大な資料によって歴史的に裏付けたのが、チャンドラーの一連の著作です。そのなかでも有名なのは、『経営者の時代』(原題は、THE VISIBLE HAND)と、いましがた題名を出した『スケール・アンド・スコープ』です。(チャンドラーの場合、工業技術者や熟練労働者の組織特殊的な人的資産の役割については、ほとんど触れていませんが、その重要性は言うまでもありません)。このチャンドラーの言葉を借りると、「可能性としての規模と範囲の経済は、生産設備の物理的な特徴によるが、現実化した規模と範囲の経済は、組織(特殊)的なものである。そのような経済は、技術的なプロセスの可能性を現実化するために不可欠な、組織化された人間の能力――知識と熟練とチームワーク――に依存するからである」と、いうわけです。翻訳がこなれていないので、彼の言おうとしていることが十分伝わらなかったかもしれませんが。すなわち、第二次産業革命以降に発展した重化学工業部門において、株式会社企業が十分な利潤を生み出して成長していくためには、一方で、大量の資金を調達して大型の機械設備に投資していく必要があるとともに、他方で、組織特殊的な人的資産を体現した熟練労働者や工業技術者や専門経営者を育成していく必要があったのです。

その意味で、アドルフ・バーリとガーディナー・ミーンズがいう「所有と経営の分離」とは、まさに後期の産業資本主義そのものが要請していたというわけです。

すでに明らかでしょう。日本型の資本主義とは、まさにこの後期の産業資本主義に高度に適応した資本主義であったということなのです。明治に入ってから資本主義社会のなかに遅れて参加して以来、日本経済は、第二次大戦以前においても、第二次大戦以降においても、驚異的な成長をとげました。そのような発展にたいしては、もちろんさまざまな要因が貢献してきたわけですが、そのなかでもとくに重要な役割をはたしてきたのが、組織特殊的な人的資本の蓄積であったのです。とりわけ戦後においては、株式の相互持ち合いによってそれ自体がヒトとなった日本の会社は、株主によるホールド・アップの可能性を制度的に排除し、終身雇用制、年功賃金制、企業別組合制のもとで、熟練労働者や工業技術者や専門経営者が積極的に熟練やノウハウを習得していく環境を作り出してきたのです。

だが現在、少なくとも先進資本主義国において、資本主義の支配的な形態が産業資本主義からポスト産業資本主義へと大きく移行していくなか、過去の栄光が現在の桎梏《しっこく》と化しているのです。日本型の資本主義は、あまりにも産業資本主義、とくに後期の産業資本主義に適応した会社システムを築き上げてしまったことにより、グローバル化とIT革命と金融革命の名のもとに急速に進行しているポスト産業資本主義への転換に、大いなる困難に直面しているというわけなのです。

第八章　デ・ファクト・スタンダードとコア・コンピタンス

二一世紀における会社組織

産業資本主義の時代の会社の原イメージとは、大ざっぱにいえば、機械制工場でした。紡績会社における紡績機や製鉄会社における溶鉱炉や石油精製会社における石油コンビナートや自動車会社における組立ベルトコンベアなどが、そのまま会社のイメージになっていたはずです。それは、当然でした。機械制工場こそ利潤の源泉であったからです。そして、株式会社という制度も、基本的には、そのような機械制工場を建設するために必要な資金を広く大衆投資家から調達するための手段として導入されたのです。

第二次産業革命以降になると、ますます巨大化する機械制工場を効率的に運営していくために多数の専門経営者と工業技術者と熟練労働者が必要となりました。それに応じて、会社という制度は、たんに大量の資金を調達する手段としてだけでなく、会社組織に特殊な人的資産の「事実上」の所有者としての役割をはたすようになりました。専門経営者や工業技術者や熟練労働者を支配株主のホールド・アップから防衛し、会社のためにのみ役立つ知識や能力を心おきなく蓄積させるようにしたのです。だが、その場合でも、いくら不可欠とはいえ、組織特殊的な人的資産は機械制工場の効率的な運営のための補助という役割をはたしていたにすぎません。会社の中核をなしていたのは、あくまでも機械制工場であったのです。

それでは、ポスト産業資本主義が支配する二一世紀において、会社とはいったいどのようなものになるのでしょうか？

いま全世界がその答えを模索している最中です。ビジネス・モデルなどといわれて、さまざまな実験がおこなわれています。そして、まだ、誰も正しい答えを見いだしていないことは確実です。

ただ、ひとつ確実に言えることは、おカネを手にした資本家が機械制工場を建設しさえすればよかった産業資本主義の時代とちがって、もはや支配的な組織形態は存在しないということです。その理由は簡単です。利潤は差異性からしか生まれません。ポスト産業資本主義では、差異性を意識的に創り出していくことが至上命令となっているのです。だが、差異性を創り出す方法はまさに千差万別──差異性だらけです。そして、千差万別ある差異性の創り出し方に応じて、会社組織の形態も千差万別あるということになるわけです。

だが、そう言っただけでは、とりつく島もないので、これから、二一世紀における会社組織の形態について、わたしなりの観察を大ざっぱにでも述べてみることにしましょう。

ポスト産業資本主義におけるモノや情報や金融の標準化

グローバル化と金融革命とＩＴ革命は、ポスト産業資本主義の三つの側面であると、前章において述べました。

グローバル化によって、全世界がひとつのグローバルな市場になりつつあります。世界中で生産されたモノが、世界中で売り買いされるようになったのです。消費者にとっては、十分な所得さえあれば、世界のどこで生産されたモノでも買うことができます。世界中の消費者が、同じ消費のメニューを手にするようになったのです。

これにたいして、すでに第一章で指摘しておいたように、多くの生産者にとっては、グローバル化はかならずしも朗報とはいえません。それまで、国家や言語や文化などの伝統的な差異性によって多かれ少なかれ保護されてきた地域地域の生産者が、突如、グローバルな市場に投げ出されてしまうからです。世界中の生産者が、同じ市場のなかでおたがいに競争を始めなければならないのです。たとえば、外国資本のスーパーマーケットの進出によって、地方都市の商店街が突然さびれてしまう例は、世界中で枚挙にいとまがありません。安い労働力を使った発展途上国からの輸入品との価格競争に負けて、倒産してしまった先進諸国の中小企業の数は膨大ですし、それによって職を失った労働者の数はさらに膨大です。ただ、もしこのグローバルな競争の勝者になってしまえば、その見返りは莫大です。なにしろ今度は国家や言語や文化などに制約されず、世界全体に製品を売り込むことができるわけですから。

いずれにせよ、ポスト産業資本主義とは、グローバルな競争により、伝統としてあったさまざまな差異性を消し去り、世界中のモノを標準化してしまう傾向をもっているのです。

ポスト産業資本主義のもとでの金融革命は、おカネの融通方法——すなわち、金融——の標準化ももたらすことになります。

これまで金融セクターは、どの国においても、商業銀行業、信託銀行業、証券業、生命保険業、損害保険業といった業種ごとに垣根で仕切られ、それぞれが別々の官庁や別々の部局の規制を受けていました。だが、「金融ビッグ・バン」ともよばれる金融自由化政策は、業種のあいだのこのような垣根を取り払ってしまったのです。その結果、金融セクターは、官制の業種ではなく、金融商品の種類に応じて分業化されるようになり、債券市場、株式市場、外国為替市場、先物市場、オプション市場、スワップ市場、保険市場などのあいだの自由で緊密なネットワークとして再編成されるようになりました。リスクの種類や期間の長短や地域の特徴、さらにそれらのさまざまな組み合わせを商品として売り買いする場として機能しはじめたのです。それによって、原則として、だれもが自分の好みに合わせて資金を提供することが可能になり、資金が大量に供給されるようになったのです。その結果、十分な信用さえあれば、だれもが自分の必要に応じて、低い利子率やプレミアムで資金を融通してもらうことが可能になりました。

おカネが安くなったということなのです。そして、グローバル化によって、世界中の人間がほぼ同一の条件で、その安くなったおカネを利用できるようになったのです。それは、多少誤解を招く言い方をすれば、おカネの標準化といってよいでしょう。

最後に、ＩＴ革命です。

ＩＴ革命は、第一に、コンピュータによる情報処理の能力を飛躍的に上昇させました。それは、これまで労働者や技術者のコツやカン——もっと深遠に聞こえる言葉を使えば、暗黙知《あんもくち》――に頼らざるをえなかった複雑な生産の工程や技術開発のプロセスのかなりの部分を、コンピュータを使ってシミュレートすることを可能にしたのです。それによって、多くの製品や技術デザインが「オープン・アーキテクト」化されるようになりました。

ここで使ったオープン・アーキテクトという言葉ですが、「公開建築」と訳すとすこしニュアンスがちがってしまうので、カタカナをそのまま使っておきましょう。それは、製品や技術デザインを、いくつかのほぼ独立したブロック――もっと格好良い言葉を使えば、モジュール(MODULE)――に分解するとともに、その間をできるだけ規格化されたインターフェースで連結してしまうことです。たとえば、パソコンという製品を、プロセッサ、メモリ、ハードディスク、ディスプレイ、CDドライブ、モデム、接続端子、キーボード、マウス、……といった標準化された部品に分解して、部品ごとに独立に生産をおこない、最後にそれらを規格化された箱に詰めたり、規格化されたケーブルでつないでひとつの完成品に仕立て上げることです。これによって、それぞれの部品ごとにもっとも効率性の高い生産者に生産をまかすことができますから、分業の利益が大きくなり、全体として大幅な費用の低下を実現することができるようになるのです。

ここで重要なことは、このように、製品や技術デザインがオープン・アーキテクト化されると、ひとつひとつのモジュールの生産工程において技術変化があっても、それはほかのモジュールの生産工程には影響をあたえないということです。さらに、製品にたいする消費者の嗜好の変化があっても、それはモジュールとモジュールとの組み合わせの仕方を変えることによって、多くの場合対処できてしまうということです。

もちろん、すべての生産過程やすべての技術開発プロセスがオープン・アーキテクト化に馴染むというわけではありません。たとえば自動車のように有機体的な一体性をもった製品は、部品と部品との間の相互依存性が高いので、全面的なオープン・アーキテクト化は困難だといわれています。その生産には、モデルごとに特殊化された部品と部品との間の微妙なすり合わせが大切であり、それには、伝統的なコツやカンがいまだに必要とされているといいます。ただ、それでもオープン・アーキテクト化の試みは、さまざまな部分でなされているはずです。

ＩＴ革命は、第二に、多くの情報をグローバルに拡散しました。インターネットの爆発的な普及を通して、だれもが世界中に情報を提供することを可能にし、だれもが世界中から情報を受け取ることを可能にしたのです。それは、どのような情報であれ、ひとたびインターネットとつながってしまうと、インターネットを通じて世界中に伝達され、原則的には世界中の人間が共有する情報になってしまうということを意味します。ＩＴ革命による情報のグローバル化は、同時に、情報の標準化でもあるというわけです。

すなわち、ポスト産業資本主義の中のＩＴ革命は、オープン・アーキテクト化をうながすことによって、モノを生産する技術やその技術を開発するプロセスを標準化し、さらにグローバルに拡がるインターネットを通して、そのような情報を全世界的にも標準化させているのです。

ポスト産業資本主義においては、モノもカネも情報も、すべて標準化されてしまう強い傾向をもっているのです。

オープン・アーキテクト化「にする」ことと「である」こと

さて、これまでわたしは何度も何度も、ポスト産業資本主義においては、差異性を意識的に創り出していかなければならないことを強調してきました。これにたいして、いまわたしは右で、ポスト産業資本主義においては、モノもカネも情報も、すべて標準化されてしまう強い傾向をもっているということを強調しました。これは、矛盾です。だが、この矛盾こそ、ポスト産業資本主義の本質なのです。ポスト産業資本主義とは、まさにすべてが標準化されていく傾向のなかで、差異性を創り出していかなければならない資本主義であるのです。いや、差異性から利潤を生み出す資本主義とは、差異性を媒介することによって、自らの存立基盤である差異性それ自体を消し去っていくという本質的な矛盾をそもそもはらんでいるのです。ポスト産業資本主義とは、資本主義の純粋形態であることによって、その矛盾を純粋に体現しているだけなのです。

ポスト産業資本主義における会社組織のあり方を考えるとは、すべてが標準化されていく傾向のなかで、いかに差異性を創り出し、いかに差異性を確保していったらよいのかを考えることにほかならないのです。

そこで、最初に考えてみたいのは、オープン・アーキテクト化にかんしてです。さきほど、IT革命は、オープン・アーキテクト化をうながすことによって、モノを生産する技術やその技術を開発するプロセスを標準化させていく傾向をもっていると述べておきました。ただ、ここで注意をしなければならないことは、オープン・アーキテクト「にする」ことと、オープン・アーキテクト「である」こととを、区別することです。オープン・アーキテクト化にかんしてこれまでなされてきた議論は、まるでオープン・アーキテクト化それ自体に会社の未来があるかのように語ってきました。だが、それはこの「する」と「ある」との区別にかんして、大きな混乱をしているようなのです。

たとえば、アメリカのデル（DELL）社は、一九八四年にマイケル・デル氏がわずかな資本金を手にテキサス大学の学生寮のなかで始めたパソコンの通信販売会社でしたが、パソコン生産のオープン・アーキテクト化によって、二〇年のあいだに世界最大のパソコン・メーカーに成長しました。「デル・モデル」とよばれるサプライ・チェーン・マネージメント（SCM）方式とは、デスクトップ型のパソコンの場合でしたら、本体の生産は自社工場が受け持ち、ディスプレイなどの周辺機器の生産は全世界に散らばる三〇程度の部品メーカーが請け負い、インターネットを通じて顧客から製品とその仕様にかんする注文を受けとると、指定された仕様に対応したパソコン本体と周辺機器とを顧客と距離的に近い物流拠点にただちに空輸して、その場で組み合わせ、梱包し、発送するという方式です。これによって、一方で、顧客の好みに応じた多様な製品を提供できるとともに、他方で、製品在庫の水準を基本的にはゼロにまで下げることができたのです。

だが、デル社が莫大な利潤をあげることができた理由は、オープン・アーキテクト化それ自体にあるのではありません。それは、デル社が他社に先がけて、しかも他社よりも徹底的に、オープン・アーキテクト化することに成功したからであるのです。それによって、他の会社に比べて費用の大幅な引き下げと仕様の大幅な多様化が可能になったのです。

利潤は差異性からしか生まれません。オープン・アーキテクト化は、他の会社との差異性を創り出すための単なる手段でしかないのです。いくらオープン・アーキテクト化したとしても、他の会社も同じようにオープン・アーキテクト化していれば、そこからは何の利潤も生まれません。いや、いったんある生産技術や開発プロセスがどこかの会社によってオープン・アーキテクト化されてしまうと、それはだれもが容易に模倣できるようになり、すぐに利潤を生み出さなくなってしまうのです。パソコン業界の浮沈の激しさはよく知られているとおりです。現在世界最大のシェアを誇るデル社であっても、安閑《あんかん》としていると、あっという間にほかの会社に追い抜かれてしまうはずです。すべての差異性を消していくオープン・アーキテクト化それ自体は、利潤の追求を自己目的とした資本主義の仇《きゆう》敵《てき》とすら言うことができるのです。

もちろん、もう一段進んだオープン・アーキテクト化を進めていくことができるならば、さらにいっそうの成長が可能となるでしょう。たとえば、既存の生産技術や開発プロセスをさらに細かくモジュールに分解していくことや、それぞれのモジュールをいまよりも安く生産できる供給者を世界中でさらに広く探し出していくことや、すでにあるオープン・

アーキテクト化の手法をこれまでと異なった製品や業種に応用してみることです。だが、どのような生産技術でも、どのような開発プロセスでも、いつかはこれ以上は細かく分割できない、あるいは分割するとかえって効率性が下がってしまう極限的なモジュールに近づいていってしまいます。じじつ、パソコンの技術にかんしては、すでにそのような極限に近づいているといわれているのです。それゆえ、デル社の場合、さらにいっそうの成長のために、一方で供給者のネットワークのグローバルな拡大をさらに進め、他方でパソコン以外の分野へのデル・モデルの応用を試みています。たとえば、二〇〇一年には、アジアにおいてマレーシアのペナン島だけにあった自社工場を、さらに賃金の安い中国のアモイにも建設しましたし、また、インターネットのインフラにあたるサーバーに関連したサービス事業にも積極的に投資をおこなってきています。

だが、供給者ネットワークのグローバル化は、いつかは地球の果てに行き着いてしまいますし、オープン・アーキテクト化のほかの製品や分野への応用も、次から次へと成功するはずはありません。結局、話は、オープン・アーキテクト化それ自体は長期的には利潤の源泉にはなりえないという、出発点に戻ってしまうのです。(ただし、ここで、デル社がこれ以上成長しないと予言しようと思っているのではありません。デル社については、すぐ後にまた戻ってきます）。

ひとつの会社が継続的に利潤を生み出していくためには、したがって、オープン・アーキテクト化の傾向のなかで、オープン・アーキテクト化されることのない独自の差異性を確保していくことが必要であるというわけです。

大きくなることと小さくなること

オープン・アーキテクト化の流れのなかでの会社組織のあり方には、大ざっぱにいって、二つの方向があります。大きくなることと、小さくなることとです。

産業資本主義の時代においては、大きいことは単純に良いことでした。なぜならば、それは機械制工場の時代であったからです。大量生産用の機械を備えた工場さえ建設できれば、安価な労働力をいくらでも雇用できましたから、ほぼ自動的に大幅な利益率を確保できたのです。このことは、とりわけ第二次産業革命以降、顕著になりました。第二次産業革命の主役であった製鉄業や機械工業や石油精製業や化学工業では、規模の経済や範囲の経済が強く働いていましたから、効率的な生産をするためには、大規模な機械装置や工場施設に投資していかなければならなかったのです。（それが同時に、専門経営者と工業技術者と熟練労働者の育成を不可欠なものにし、法人実在説的な会社を興隆させていったこととは、前章の中心テーマでした）。二〇世紀とは、まさに重厚長大産業の時代であったのです。

しかしながら、ポスト産業資本主義の時代に入って、農村からの安価な労働力の供給が枯渇して、機械制工場が自動的に利潤を保証しなくなったことによって、機械や工場の資産としての価値が相対的に下がってしまいました。さらに、金融革命によって、信用さえあれば、だれでも世界中ほぼ同一の条件でおカネを借りられるようになりました。多少誇張していえば、大がかりな機械制工場がもし必要になったとしても、だれでもそれを簡単に手に入れることができるようになったのです。

すなわち、ポスト産業資本主義の時代においては、産業資本主義の時代とは異なり、生産設備にかんする規模や範囲の経済の支配から、企業活動が基本的に自由になったのです。だが、それは、会社組織の大小がまったく無意味になったという意味ではありません。たんにそれは、これまでのように生産設備にかんする規模や範囲の経済が会社の大きさを決定する基本要因ではなくなったというだけです。じじつ、モノでもカネでも情報でも、オープン・アーキテクト化による標準化によって、世界中どこでもほぼ同一の条件で手に入れられるようになったということは、生産設備の規模や範囲の経済の代わりに、モノやカネや情報の「流通」にかんしてはたらく規模や範囲の経済が、会社の大きさを決定する重大な要因となる可能性が生まれたということを意味しているのです。

大きくなることの利益

さきほど、産業資本主義の時代においては大きいことが良いことであったと述べました。だが同時に、あの時代においては、あまり大きすぎるのは悪いことでもあったのです。なぜならば、生産設備にかんする規模や範囲の経済は、一般には、無限には続かないからです。電力供給などのいわゆる自然独占的な事業以外は、生産設備にかんしては最適規模というのがあり、あまり大きくするとさまざまな原因で生産効率がおちてしまうことになるのです。

ところが、モノでもカネでも情報でも、それらの流通にたいしてはたらく規模の経済や範囲の経済には、多くの場合そのような限界が見あたらないのです。

たとえばモノの流通にかんしていえば、全世界的に販売ネットワークを拡げて、大量の商品を仕入れることができれば、製造元に大幅なディスカウントを要求することができます。それによって販売価格を下げることができれば、売り上げが増大し、さらにディスカウントのマージンを拡げることができるという相乗効果を期待できるようになるのです。しかも、ひとたび確立した販売ネットワークを使って、ほかのさまざまな商品も同時に流通させるようにすれば、さらに大きな売り上げを期待することができるわけです。このような流通にかんする規模の経済や範囲の経済を活用するためには、販売ネットワークが地域単位であるときよりは、国単位であるときのほうが有利ですし、世界単位で拡がっているほうがさらに有利になるのです。

一昔前、グローバル化の波のなかで、このような流通における規模の経済の原理を応用したディスカウント・チェーン方式がアメリカから全世界的に拡がり、日本でもさまざまな消費財の価格を「破壊」していったことは、まだ記憶に新しいと思います。つい最近のIT革命の波のなかで、アマゾン・ドット・コム社がこの原理をインターネット上の書籍販売に応用して大成功をとげたことも、よく知られているはずです。さらに、アマゾン・ドット・コム社は、書籍において成功したこの手法を、音楽や映画のソフトウェアや電化製品にまで拡げて、規模の経済だけでなく範囲の経済をも確保しようとしているのです。

さきほど例につかったデル社の場合、デル・モデルというオープン・アーキテクト化戦略を積極的に推し進めることによって、またたくまに世界最大のパソコン・メーカーにまで成長をとげましたが、ひとたびデル・モデルが実施され成功をおさめると、もはやデル・モデルそれ自体からは革新性が消えてしまいます。なにしろそれはオープン・アーキテクト化そのものですから、だれでも模倣できます。実際、その後、数多くのパソコン・メーカーや関連した製品のメーカーが類似したサプライ・チェーンの展開をおこなって、デル社を追撃しているのです。だが、それでもデル社が依然として成長を続けているのは、それが結局、全世界に拡がる巨大な物流ネットワークの構築に成功したからであるのです。たとえば日本では、これまで関東にしかなかった物流拠点を関西にも設置し、製品の注文から受け取りまでの期間をさらに短縮するようにしています。それによって、販売量がいっそう拡大し、さらなる価格の引き下げが可能になったというわけです。だが、このような全世界的な物流ネットワークの構築は、デル社の専売特許ではありません。すでに見たように、それはモノの流通において会社を巨大化させるための、まさに王道にほかならないのです。

おカネの流通のネットワーク、すなわち金融市場にかんしても、規模の経済と範囲の経済のはたらきには、多くの場合、限度がありません。グローバル化によって全世界がひとつの金融市場でおおわれてしまったいま、世界中のおカネの貸し手と世界中のおカネの借り手がすこしでも条件の良い借り手と貸し手をそれぞれ探しあっているのです。その際、そのような貸し手と借り手のあいだの橋渡しをする金融仲介業においては、一方でおカネの貸し手である個人にたいしては、銀行口座や投資信託や保険契約などさまざまな金融商品をパッケージとして提供でき、他方でおカネの借り手である企業にたいしては、運転資金の融資や社債・株式の引き受けから資産運用のアドバイスや会社合併の仲介までさまざまな金融サービスをやはりパッケージとして提供できることが、商売上で圧倒的な有利さをもたらすことになります。すなわち、銀行、証券、保険などの多種多様な業務を同時にいとなんでおり、チャンスがあれば巨額の資金を一瞬のうちに移動したり、多数の専門スタッフを直ちに動員したりできることが、グローバルな金融市場での激しい競争に勝ち抜くためには不可欠であると言われているのです。まさに範囲の経済と規模の経済です。事実として、いま世界の金融市場では、シティ・グループ、ウェルス・ファルゴ、バンク・オブ・アメリカ、ドイツ銀行、UBS、JPモルガン・チェース、ゴールドマン・サックス、……といった巨大な総合金融会社による寡占《かせん》化が急速に進んでいることは、周知の事実です。（そして残念ながら、日本の銀行や証券会社の名前は、このリストの「……」のなかにすらありません)。

デ・ファクト・スタンダード

最後に、情報の流通です。すでにくりかえし述べてきたように、情報の商品価値とは、その差異性です。いくら有用な情報であっても、それが多くのヒトによって共有されてしまえば、経済的な意味での価値を失います。だが、情報そのものではなく、その情報を流通させるための媒体にかんしては、これとはまったく逆の原理がはたらくのです。

それは、「デ・ファクト・スタンダード」の原理です。デ・ファクト・スタンダードとは、直訳すれば「事実上(DE FACTO)の標準(STANDARD)」ということです。それは、あるモノが標準として使われているのは、それが標準として使われているという事実以外には何の理由もないという意味です。すなわち、あるモノがデ・ファクト・スタンダードであるというのは、それが他のモノよりも優れているから多くのヒトに使われているのではなくて、それがたんに多くのヒトに使われているから多くのヒトに使われているにすぎないということであるのです。そこにはたらいているのは、まさに「自己循環論法」にほかならないのです。

じつは、デ・ファクト・スタンダードのもっとも純粋で、しかももっとも古くからある例は、おカネ、すなわち貨幣です。貨幣とは、だれでもどこでもいつでも受け入れてくれる一般的な交換手段として、まさに資本主義経済における標準中の標準にほかなりません。貨幣を媒体として、多数の売り手と多数の買い手とのあいだで無数の商品が流通することが可能になったのです。その貨幣の素材は、大昔は、貝殻であったり、宝石であったり、金銀であったりと、それ自体で価値のあるモノでしたが、近代に入ってからは、銅やニッケルのような安価な金属片であったり、複雑な模様が印刷された紙切れであったり、暗号化された電磁波信号であったりと、それ自体にはほとんどなんの価値も見いだせないモノになっています。ヒトがこれらのたんなる金属片や紙切れや電磁波信号を貨幣として受け入れてくれるのは、それを他のすべてのヒトが貨幣として受け入れると予想しているからにすぎないのです。そして、他のすべてのヒトがこれらの金属片や紙切れや電磁波信号を貨幣として受け入れてくれるのも、たんに他のすべてのヒトがそれを貨幣として受け入れてくれると予想しているからにすぎないのです。ここで働いているのは、純粋な自己循環論法です。この自己循環論法によって、それ自体はなんの価値もない金属片や紙切れや電磁波信号が、標準中の標準である貨幣として流通しているというわけなのです。(「貨幣とは何か」という問題についてのより詳しい議論は、『貨幣論』(筑摩書房、一九九三、ちくま学芸文庫、一九九八)を参照してください)。

これと同じ原理が、情報流通のための媒体にかんして働いています。そのもっとも良く知られた例は、パーソナル・コンピュータのOS(オペレーティング・システム)でしょう。

ゲイリー・キルドールとビル・ゲイツ

OSとは、ワープロや表計算やインターネット・ブラウザや電子メール・クライアントといった応用ソフトウェアをコンピュータの上で走らせるために必要な基本ソフトのことです。それは、コンピュータのさまざまなソフトウェアとさまざまなハードウェアとのあいだでの情報のやりとりを可能にする、まさに情報流通の媒体であるのです。現在、マイクロソフト社のウィンドウズが、パソコンのOSソフトウェア市場において圧倒的なシェアを占めていますが、その前身であるMS-DOSがIBMパソコンのOSとなったのは、たんなる幸運以外のなにものでもなかったことは周知の事実でしょう。

8ビット・パソコンの最初のOSはCP/Mとよばれるソフトウェアで、インテル社ではたらいていたゲイリー・キルドールという人が開発したものです。キルドールはその後

CP／Mを商品化するためにインターギャラクティック・デジタル・リサーチ社（のちにデジタル・リサーチ社）を創立します。一九八〇年にIBM社がパソコンを市場化しようとしたとき、最初にそのOSに採用しようとしたのはこのCP／Mでしたが、いまだに明らかにされていない理由によって、デジタル・リサーチ社との交渉が決裂してしまい、やむなく海のものとも山のものともしれないマイクロソフト社にOSの開発を依頼したのです。マイクロソフト社は、自前のOSをもっていなかったので、CP／Mの16ビット版を開発していたシアトル・コンピュータ・プロダクツという会社からその権利を買い取り、MS-DOSと名づけてIBM社に提供したのです。OSとしてはデジタル・リサーチ社が後に発表したCP／Mの新ヴァージョンのほうがはるかに優れていると言われていたにもかかわらず、IBM社のパソコンのOSに採用されたという事実によって、結局、MS-DOSがそのシェアを大きく拡げていくことになりました。

また、アップル社のMacOSとマイクロソフト社のウィンドウズとの競争においても、ウィンドウズのさまざまな機能はMacOSの二番煎じでしかないといわれていたにもかかわらず、IBM社がパソコンにかんして他社による互換機の発売を許す政策をとったことに助けられて、市場で圧倒的なシェアを確保しているのはウィンドウズのほうです。

いずれの場合も、その理由はデ・ファクト・スタンダードの原理です。IBM社が自社パソコンのOS作成をマイクロソフト社に委託したこと、さらにその後IBM社がパソコンにかんして互換機許容路線を採用するようになったという幸運な出来事をきっかけとして、マイクロソフト社のOSが相対的に大きな市場シェアを獲得したことが、ことの始めでした。それによって、多くの応用ソフトがはじめはMS-DOS、のちにはウィンドウズのために書かれるようになり、また多くのパソコン・メーカーがはじめはMS-DOS、のちにはウィンドウズをそのOSとして採用するようになりました。そしてそれによってさらに、MS-DOSやウィンドウズの市場シェアを高めていくという相乗効果がはたらくようになったのです。

もちろん、マイクロソフト社自体も、一方で、応用ソフトウェアの抱き合わせ販売といった独禁法違反に限りなく近い戦略を推し進め、他方で、応用ソフトウェアを開発している他の会社には基本情報を提供するなどして、いわば陰に陽にMS-DOSやウィンドウズの市場シェアを高めるための努力をしてきたことは確かです。だが基本的には、マイクロソフト社自体の意図を超えたところではたらく相乗効果の結果として、MS-DOSおよびウィンドウズが世界のOSの標準となったのです。

そして、マイクロソフト社の創業者のひとりであるビル・ゲイツは世界一の大金持ちになったのにたいして、CP／Mの開発者であるキルドールは、一部のパソコン関係の人間にしか名前を知られないまま、一九九四年に五二歳の若さで亡くなってしまいました。心臓麻痺の発作で転倒し、頭を強く打ったのが死因と言われていますが、真相は不明です。

もっとも、最近になってでは、OSの純粋な公共化をめざすLINUXの普及によって、ウィンドウズによる独占がどうやら破られつつあるような気配があります。

デ・ファクト・スタンダードの例は、ほかにもたくさんあります。たとえば、ビデオ・デッキにおいては、一九七〇年代後半に、ソニーのベータ方式と日本ビクターのVHS方式が激しく争いました。技術的にはベータ方式が優位に立っているといわれていたのに、結局、多くの家電メーカーとの提携に成功したVHS方式が市場の覇権を握ることになったのです。

また一九八〇年代には、パソコンの五・二五インチのフロッピー・ディスクの次の世代のディスクの規格をめぐる競争があり、ソニーの三・五インチ・ディスクと松下、日立、日立マクセルの三インチ・ディスクが業界標準の地位を争いました。このときはビデオ戦争での敗北の教訓から、ソニーはアップル社とアメリカの標準化機関ANSIに働きかけ、さらにほとんどタダ同然で技術を提供することによって、標準の地位を確保しました。じつは、ソニーは、このときの大盤振る舞いの費用は、もうひとつ次の世代の二インチ・ディスクによって取り返すつもりであったのです。だが、不幸なことに、その後ハード・ディスクの価格が急速に下がってしまって、フロッピー・ディスクの外部記憶装置として有用性が薄れ、結局、二インチ・ディスクは、ワープロ用に少量使われた以外は、ほとんど日の目を見ることはなかったのです。

パソコンのOSもビデオの方式もフロッピー・ディスクの規格も、いずれも複数のハードウェアと複数のソフトウェアとのあいだの情報のやり取りを可能にする情報流通の媒体にほかなりません。そのような情報流通の媒体にかんしては、商品流通の一般的な媒体としての貨幣をめぐる「自己循環論法」と同じ仕組みが、貨幣ほどは純粋にではないにせよ、はたらいてしまうのです。それが、デ・ファクト・スタンダードの原理にほかなりません。そして、このデ・ファクト・スタンダードの原理によって、少数の、場合によってはただひとつの製品や会社が市場を支配してしまうことになるのです。

コア・コンピタンス

それでは、ポスト産業資本主義の時代とは、産業資本主義の時代にもまして、大きいことが良いことである時代なのでしょうか。

答えは、もちろん、否です。

まず第一に、規模の経済や範囲の経済が無際限にはたらくのは、おおよそモノの流通やカネの流通や情報の流通などを媒介するネットワーク的な経済活動に限られています。それ以外の分野では、大きいことは効率性の上でかならずしも有利ではありません。そして第二に、モノの流通やカネの流通や情報の流通といった分野においてさえ、かならずしも規模の経済や範囲の経済、さらにはデ・ファクト・スタンダードを追求するだけが、会社を成功させる道ではありません。

くりかえしになりますが、重要なことは、ポスト産業資本主義の時代においては、生産設備にかんする規模や範囲の経済の支配から、企業活動が基本的に自由になったということなのです。利潤は差異性からしか生まれません。それぞれの会社は、組織の規模や範囲にとらわれずに、独自の差異性を創造し維持し拡大していくことに全力を集中することができるようになったということであるのです。いや、多くの製品や技術がオープン・アーキテクト化されていくなかで、まさにオープン・アーキテクト化されない独自の差異性を確保していくよりほかには、会社の生き残る道はなくなってきてしまっているのです。

このような、ほかの会社が容易に模倣できない独自の差異性を創造し維持し拡大していく能力のことを、経営学では、会社の「コア・コンピタンス」とよんでいます。会社の中核（CORE）をなす競争力（COMPETENCE）という意味です。それは、結局、それぞれの会社組織が蓄積してきた固有の資産、とりわけその知的資産のことを指しています。それは、ほかにも「組織能力」とか「組織ルーティン」とか「経営資源」とか「会社文化」とか、さまざまによばれていますが、意味していることはどれもほぼ同じです。

かつてジェネラル・エレクトリック（GE）社は白熱電球の特許を独占していましたし、現在ではコカ・コーラ社がCOCA COLAのFORMULA（調合法）を門外不出にしていることはあまりにも有名です。このようにその特異な技術や製品によって世界的に名前を知られている会社だけでなく、大中小を問わず数多くの会社が、特定の技術にかんする特許や特定の製品の製法にかんする秘密をその収益の最大の源泉にしているのです。知的資産としての特許や製法秘密、さらにはブランド名や顧客リストなどは、あきらかにコア・コンピタンスとして機能しています。

だが、現在のような変化の激しい時代において、たとえひとつの技術において圧倒的な優位性をもっていても、いつなんどきそれより優れた技術が登場してくるかわかりません。たとえひとつの製品が市場で大きなシェアを占めていても、いつなんどき消費者の嗜好が離れてしまうかもしれません。それゆえ、コア・コンピタンスとは、より正確には、たえず変化していく環境のなかで、生産現場の生産技術や開発部門の製品開発力や経営陣の経営手腕を結集して、市場を驚かす差異性をもった製品を効率的かつ迅速的に作り続けていくことのできる、組織全体の能力と定義しなおしたほうが適当でしょう。それは、特許や製法秘密やブランド名や顧客リストといった、すでにモノの形をした知的資産というよりは、まさにそのような知的資産を生み出していくことのできる組織に固有の人的資産の総体です。それは、静態的ではなく、動態的な概念なのです。

小さくなることの利益

コア・コンピタンスという概念は近年になって学問的に使われはじめたものですが、コア・コンピタンスそれ自体は、いうまでもなく、産業資本主義の時代から存在していました。さきほどのGE社の前身はエジソン・ジェネラル・エレクトリック社ですが、それはまさにトマス・エジソンと仲間の技術者の発明能力をコア・コンピタンスとしていた会社でした。その後、白熱電球の特許をめぐって争っていたイギリスのジョセフ・スワンと和解し、トムソン・ハウストン社と合併して設立されたGE社にはエジソン自身は残りませんでしたが、かれの薫陶《くんとう》をうけた技術者集団がその重要なコア・コンピタンスを形成することになったのです。

このコア・コンピタンスという概念が近年になって「発見」され、それについて経営学者だけでなく多くのひとびとが熱心に語り始めたのは、まず何といっても時代がポスト産業資本主義に入ってオープン・アーキテクト化が進展したことに理由があります。製品や技術デザインが数多くの独立したモジュールに分解されることによって、それぞれの会社がどのような部門で優位性をもっているかが、簡単に比較されてしまうようになったのです。パソコン産業であれば、ある会社は液晶モニタの生産に習熟しているが、ブラウン管型のモニタの生産技術はいまひとつであるとか、ある会社はメモリ・チップの開発は他の追随を許さないが、マーケティングが下手だとか、ある会社は消費者の心をとらえる製品デザインに優れているが、個々の部品の生産技術は月並みであるとかいうわけです。

そうなると、多くの会社は、会社全体としての競争力を高めるために、自分が比較優位をもっている製品や部品の生産や開発に専念するという戦略をとるようになります。モジュール化された製品の場合、不得意な製品や部品の生産や開発をほかの会社に外注(アウトソース＝OUTSOURCE)しても、他の部門の効率性には大きな影響をあたえることはないはずです。その結果として、各社それぞれのコア・コンピタンスがさらに鮮明になってきたというわけです。

じつは、これが、第一章の冒頭で論じた「リストラ」、すなわち、「リストラクチャリング」の本来の意味であったのです。それは、個々の会社が自分のコア・コンピタンスを特定化し、その特定化されたコア・コンピタンスに人的資産を集中的に投入していくことなのです。それは多くの場合、結果として、不得意な分野を切り捨てて、会社の規模を縮小させることにつながるので、日本ではリストラという言葉がクビ切りと同義語になってしまったのです。

そしてさらに、物流や金融仲介や情報媒体のように、規模の経済や範囲の経済が強くはたらき、場合によってはデ・ファクト・スタンダードの原理がはたらいてしまう分野においては、逆に、意図的に会社組織の規模や範囲を小さくすることによって、巨大会社とは直接に競合しないニッチ(すき間)市場を確保しようと試みている会社が多数あります。金融仲介業を例にとれば、一方に、全世界に支店網を張りめぐらし、銀行、証券、保険とすべての分野の業務を傘下におさめた巨大な総合金融会社があります。そのような巨大会社同士が激しく競いあっているグローバルな市場のなかで生き残っていくためには、まさに巨大な会社が巨大ゆえにできないことをやるより他はありません。それには、たとえば、地域経済に密着して、貸し手や借り手にかんする数量化しにくい情報をもとに、きめ細かに資金の借り入れと貸し出しをおこなうことによって利益を確保していく、地方銀行や信用金庫のような生き方があるでしょう。あるいは、先端医療機器やナノ・テクノロジーなどといったように、特殊分野にかんする情報に習熟し、その分野における有望なプロジェクトに絞り込んだ融資やコンサルタントをおこなって利益を確保するモスキート投資銀行といった生き方もあるでしょう。(「モスキート投資銀行」という呼び名は、ニューヨークでロバーツ・ミタニ・LLC(有限会社)という投資会社をおこした神谷《かみや》秀樹《ひでき》氏の『ニューヨーク流――たった五人の大きな会社』(亜紀書房、二〇〇一)というたいへん興味深い本から借用しました)。いずれの場合も、ニッチ市場を見いだすことによって、みずからのコア・コンピタンスを確立していくことなのです。利潤は差異性からしか生まれないのです。

オープン・アーキテクト化のなかでの会社組織のひとつのあり方が、小さくなることであるというのは、まさにこのようなことを指しているのです。

コア・コンピタンスと企業ネットワーク

ただし、ここで指摘しておかなければならないのは、コア・コンピタンスという概念を、あまり短期的な視点から考えてはいけないということです。たしかにいま述べたように、コア・コンピタンスの追求は、多くの場合、いくつかのモジュールの生産や開発に集中することを意味しています。だが、短期的には有利に見えるこの戦略も、長期的には不利にはたらく可能性があります。なぜならば、ポスト産業資本主義の時代とは、変化こそ常態であるからです。たとえ現在は採算がとれなくても、会社内である程度の数のモジュールの開発を続けているほうが、いざ市場環境が大きく変化したときに、それに対応できる新たな製品デザインの選択肢がひろがり、長期的には有利にはたらく可能性があるのです。さらに、自動車のように、そもそもオープン・アーキテクト化が困難な製品においては、相互に依存性の高い無数の部品を微妙にすりあわせて、有機的な統一性の高い製品を絶えず開発し、効率的に生産していく統合能力こそ、会社にとっての最大のコア・コンピタンスと見なすべきであるのです。会社にとっての中核となるコア・コンピタンスとは、個別の技術や製品ではなく、まさに差異性のある技術や製品を次々と生み出していくことのできる組織に固有の人的資産であるということです。

以上のことと関連して、さらにもうひとつ指摘をしておかなければならないことがあります。右で、ポスト産業資本主義の時代になって、会社がそれぞれのコア・コンピタンスを追求する結果として、不得意な製品や部品の生産や開発を他の会社に外注(アウトソース)していく傾向が強まったと述べました。ただ、問題は、「他の会社」とは、どの程度「他」の会社であるかということです。もうすこしわかりやすく言うと、外注する会社を広く市場に求めるのか、ごく少数の会社に限定するのかということです。

技術的にすでに成熟している産業においては、たしかに部品の供給者を広く市場から探しまわることによって、製品全体の生産費用を切りつめることが可能です。そして、最近、実際にインターネットなどを利用して、世界中からもっとも安価な部品を調達して、成功をおさめている会社もたくさんあります。

しかし、つねに技術を革新していかなければならないハイテク産業や、つねに斬新な製品をお客に提供していかなければならない消費財産業においては、急激な変化に迅速に対応していくためには、それぞれの部品の供給者と、製造技術や製品デザインの細部についての情報をたえず交換していく必要があります。そして、それが可能なためには、供給者とのあいだに緊密な信頼関係が保たれていなければなりません。

ただ、いくら関係を緊密にするといっても、ひとつの部品をひとつの供給者に頼ってしまうと、相手に独占力を与えてしまうことになります。そこで、供給者のあいだにある程度の競争をうながすために、ひとつの部品にかんして二つとか三つの企業に供給を依頼することが、多くの場合、望ましいと言われています。すなわち、それぞれの部品ごとに、共同で技術を開発したりデザインを検討したりすることのできるごく少数の供給者と長期的な関係を築き上げていくほうが、広く市場から部品を調達していくよりも、長い目で見れば、良い結果を生み出す可能性が高いというわけです。たとえば、衣料や生地、靴や革製品、化粧品やアクセサリー、食器や家具など、ファッション性において世界をリードする製品を創り続けてきたことで定評のある北イタリアの産業地域では、一九七〇年代あたりから多くの企業が、一方で、企業本体の規模を縮小させてブランド名の開発や販売網の展開などに特化し、他方で、かなり重要な部品や製品まで、その生産や開発を長期的な関係を結んでいる少数の供給者に外注（アウトソース）するシステムを築き上げてきたといわれているのです。

大きくなることと小さくなること——ポスト産業資本主義時代における会社組織は、ごくおおざっぱにいうならば、二極分解していく傾向にあるというわけです。

では、会社の組織の規模や範囲ではなく、会社という組織形態そのものは、どうなっていくのでしょうか？

第九章　ポスト産業資本主義における会社のあり方

二一世紀は株主主権の時代か？

いまから二〇年ほど前まで、「会社は誰のものか」という問いかけが、盛んにおこなわれていました。ひとつには、日本的な会社システムの「成功」に触発され、ひとつには、会社の社会的責任を問う市民運動の高まりに影響され、会社とは株主のものでしかないとするアメリカ的な「株主主権」論と、会社とは(少なくとも一部は)従業員のものでもあるという日本的な「会社共同体」論とのあいだで、大論争がたたかわされていたのです。

ところが、一九九〇年代に入って、この論争は下火になりました。それは、株式の相互持ち合いを通して、株主の影響力を極力排除してきた日本型の資本主義が、バブルの崩壊後、一〇年以上にわたって低迷を続けたのにたいして、株式市場における活発な会社買収活動を通して、株主による経営のコントロールを強めてきたといわれているアメリカ型の資本主義が、こちらは一〇年以上にもわたる未曾有の好況を維持したからです。おりからのアメリカを発信地とするグローバル化の波のなかで、一時は、アメリカが標榜する株主主権論がまさに「グローバル標準」の位置を占めたかのように思われていたのです。

だが、法人論争について論じた第四章でわたしは、会社という制度は、株主主権論が想定する単純な構造とは異なって、株主主権を実践する法人名目説的な会社だけでなく、会社そのものの維持と成長を目的とする法人実在説的な会社も可能にしてしまう、複雑な構造をもっていることを明らかにしました。アメリカ型の会社、日本型の会社、さらにはもっと別な型の会社のうちのどれが標準的な会社の形であるかを、先験的に決めることはできないのです。また、会社制度の基本的仕組みを解説した第三章では、会社の経営者の自己愛に訴えるアメリカ型のコーポレート・ガバナンスは、株式会社と古典的な企業とを同一視するという理論的な誤謬を犯していることを示してみました。会社の経営者とは、社会の公器としての会社の信任受託者であり、その行動には一種の倫理性が課されているのです。

すでに、何度も指摘したように、二〇〇一年の末におこった、アメリカ型のコーポレート・ガバナンスの模範ケースであるといわれていたエネルギー商社エンロンの倒産は、アメリカ型のコーポレート・ガバナンスが本質的な矛盾をはらんでいたことを、だれの目にも明らかな形で示すことになりました。その後、エンロン以外にも次々と有名会社の粉飾決算が発覚し、グローバル標準として世界を制覇しつつあったアメリカ型のコーポレート・ガバナンス制度への信頼が一挙に失墜しました。アメリカの株式市場は動揺し、一〇年以上続いたアメリカ経済の高度成長もとうとう頓挫《とんざ》してしまうことになりました。

だが、このような事実にもかかわらず、いまだに多くの経済学者や政策担当者やマスメディアは、長期的にはやはり株主主権的な会社が主流になるのではないのか、と考えています。たとえ会社制度が理論的には株主主権的な会社も共同体的な会社も可能にする構造をもっていたとしても、現実的にはこれまでＩＴ革命や金融革命やグローバル化を引っ張ってきたアメリカ型の会社こそ、ポスト産業資本主義にもっとも適合した会社の形態であるのではないか、というわけです。

だが、わたしはこれから、まさにこのポスト産業資本主義の時代において、株主主権的な会社はグローバル標準にはなりえないということを論じようと思っているのです。そのためには、まずポスト産業資本主義と会社制度との関係について、改めて考察してみることが必要になります。

有形資産から知識資産へ

ブルッキングズ研究所のマーガレット・ブレア博士とMITのトマス・コーチャン教授が編纂した『新しい関係――アメリカの会社における人的資本』(ブルッキングズ研究所出版、二〇〇〇)という本のなかに、次のような数字がありました。アメリカで株式を上場している(金融機関を除いた)企業全体の一九七八年の年末における市場価値総額の内訳《うちわけ》を計算してみると、機械や設備や建物、さらにはコンピュータ機器やソフトウェアといった有形資産(TANGIBLE ASSETS)の価値が占める比率は八三%でした。ところが、二〇年後の一九九八年の年末における市場価値の総額の内訳を計算してみると、有形資産の価値が占める比率はなんと三一%にしかならないというのです。市場価値総額の残りの部分は、ブランド名や特許権やデータベース、さらには経営者の企画力や技術者の開発力や従業員のノウハウといった、それ自体具体的な形をもたない、いわゆる無形資産(INTANGIBLE ASSETS)の価値とみなさざるをえません。この二〇年のあいだに、アメリカの国富の形が、有形資産から無形資産へと大きく変貌をとげてしまったというわけなのです。(ここで市場価値総額として計上された数字は、株式総価値と長期負債額とを足し合わせたものです。たしかに、一九九八年という年は、アメリカの株式バブルの頂点の年でしたから、この数字は過大評価になっていると思いますが、たとえバブルの要因をのぞいても、無形資産の価値の割合はかなり大きいことだけはまちがいありません)。

ブレアとコーチャンが無形資産と呼んだ資産は、何らかの意味で「知識」や「能力」と関連しているという意味で「知識資産(KNOWLEDGE ASSETS)」とよびかえてもよいものです。そのうちで、ブランド名や特許権やデータベースなどは、ヒトから切り離すことができる形に加工された知識や能力ですから、モノとしての性質をもつことになり、第五章での分類にしたがえば、物的資産(PHYSICAL ASSETS)とみなされるべきものです。これにたいして、経営者の企画力や技術者の開発力や従業員のノウハウなどは、ヒトから切り離せない形でヒトの頭脳のなかに蓄積されている知識や能力ですから、とうぜん、人的資産(HUMAN ASSETS)の範疇《はんちゅう》にはいります。

これはマクロの数字ですが、ミクロの数字にはもっと極端なものがあります。

ポスト産業資本主義を代表する会社として、アメリカのマイクロソフト社の名を挙げることに異議をとなえる人は少ないでしょう。マイクロソフト社の『年次報告二〇〇一』をインターネットを使ってダウンロードして、二〇〇一年六月末におけるマイクロソフト社の市場総価値を計算してみたところ、それは約三九〇億ドルでした。財務諸表を開いて、その時点におけるマイクロソフト社が所有する機械設備やコンピュータ・ソフトウェアなどの有形資産の項目を見てみると、その価値はたったの二三億ドルでしかありません。一割にも満たないのです。すなわち、マイクロソフトという会社にたいして市場があたえている評価の九割以上は、まさにそのなかに蓄積された知識資産の価値にほかならないのです。

ビル・ゲイツとポール・アレンという二人の若者によってマイクロソフト社が設立されたのは、一九七五年でした。それから四半世紀のあいだに、マイクロソフト社のなかで、二三億ドルの有形資産が蓄積されている間に、知識資産は三七〇億ドル近くも蓄積されてきたということになるのです。

数字はほんとうに雄弁です。ポスト産業資本主義の先頭を走っているアメリカ経済に関するマクロとミクロの以上の数字は、産業資本主義からポスト産業資本主義への移行とは一体どのようなことを意味するのかを、だれの目にも明らかな形で示してくれているわけです。

産業資本主義の時代においては、安い賃金で労働者をいくらでも雇えましたから、機械制工場をもっているだけで利潤を確保することができました。だから、機械や設備といった有形の資産の価値が高かったのです。しかし、ポスト産業資本主義の時代になると、機械制工場をもっているだけでは利潤を生み出すことが困難になりました。機械や設備の価値が急速に下がってきたのです。利潤は差異性からしか生まれません。企業は、新製品の開発や新技術の導入や新市場の開拓によって、意識的に差異性を創り出さなければ、利潤を生み出していくことができなくなったのです。その結果、そのような差異性そのものとしてのブランド名や特許権やデータベースの重要性が急速に高まりつつあるのです。そしてさらに、そのような差異性を生み出す源泉としての、経営者の企画力や技術者の開発力や従業員のノウハウがはたす役割が、飛躍的に拡がりつつあるのです。すなわち、具体的なモノの形をとらない知識資産の価値が大きく上昇しているというわけです。

おカネとヒト

機械や設備や建物、さらにはコンピュータ機器やソフトウェアといった有形資産は、おカネで買うことができます。また、特許やブランド名やデータベースといった知識資産の場合も、それをおカネで買うことができます。実際、具体的な形をもたないといっても、これらの知識資産はすべて形式化されて、ヒトから切り離すことができますから、原則的にはモノとして市場で売り買いすることができるはずです。

これにたいして、同じ知識資産のなかでも経営者の企画力や技術者の開発力や従業員のノウハウなどは、おカネで直接買うことはできません。なぜならば、それらはすべて人間の頭脳の内側に蓄積された知識や能力であるからです。

ヒトとは、自分以外の何人《なんぴと》にも支配されない自立した存在です。そして、そのような自立性の究極的な拠り所は、自由意思の存在です。ヒトをヒトたらしめているこの自由意思があるかぎり、ヒトが頭脳のなかにこれまで蓄積してきた知識や能力をどのように使うか、さらに人が自分の頭脳のなかに新たな知識や能力をどのように蓄積していくかを、外部から完全にコントロールすることは不可能です。たとえ、そのような知識や能力を体現しているヒトをドレイにしたとしても、不可能なのです。

それゆえ、おカネができる唯一のことは、ヒトに知識や能力を自主的に発揮してもらうため、さらにはヒトに知識や能力を自主的に蓄積してもらうため、さまざまなインセンティブ（動機）を提供することだけです。成績に応じたボーナスを与えたり、昇進制度や退職制度を工夫したり、自由な勤務時間や仕事の自主管理などのような知的作業に適した環境を整えたり、会社の社会的なイメージを高めたりすることだけなのです。

すでに何度もくりかえしていますが、おカネで買えるモノよりも、おカネで買えないヒトのなかの知識や能力のほうがはるかに高い価値をもちはじめているポスト産業資本主義においては、おカネの重要性が急速に下がっているのです。それは、当然、会社にたいするおカネ（資本）の究極的な提供者としての株主の重要性が、会社のなかで急速に低下していることを意味することになります。そして、そのことは、会社とは株主のものでしかないというアメリカ的な「株主主権」論の正当性が、いままさに疑われ始めているということを意味することにもなるのです。

ポスト産業資本主義の時代に入って、「会社は誰のものか」というあの問いを、再び問わなければならなくなっているのです。

「サーチ＆サーチ」社対サーチ＆サーチ

「サーチ＆サーチ（ＳＡＡＴＣＨＩ ＆ ＳＡＡＴＣＨＩ）」というイギリスの広告会社があります。創立者は、チャールズ・サーチとモーリス・サーチという兄弟で、イラクのバグダードで成功してイギリスに移住したユダヤ系一家の出身です。バグダードで生まれた兄のチャールズは、ハイスクールのドロップアウトでしたが、コピーライトに天分を発揮して、たちまち広告業界で頭角《とうかく》を現します。そして、イギリスで生まれ、ロンドン・スクール・オブ・エコノミックス（LSE）を卒業した弟のモーリスを誘って、一九七〇年にサーチ&サーチ社を創立したのです。メガロマニアックな拡大欲をもったモーリスは、経営において天才的な能力を発揮することになります。

サーチ&サーチ社は、一九七〇年代に「もし妊娠するのが貴方の方であったなら、もっと注意したのではありませんか」という言葉の上に、不機嫌そうに大きなおなかを抱えた男性の写真を掲げた産児計画キャンペーンの広告で一躍注目をあびました。そして、一九七九年に保守党のために作ったLABOUR ISN'T WORKING（「労働党は機能していない」と「労働（者）は働いていない」という二つの意味にとれます）という反労働党のキャンペーン標語が大ヒットして、マーガレット・サッチャーをイギリスの首相に押し上げたことでも知られています。サッチャー政権の自由化政策こそ、資本主義のグローバル化や金融革命に先鞭をつけたわけですから、その意味で、サーチ&サーチ社とは、マイクロソフト社と並んで、ポスト産業資本主義を象徴する会社であったといっても大げさではありません。じじつ、一方で、みずからを「アイデア会社」と呼んで、次から次へと斬新な広告を打ち出していき、他方で、イギリスとアメリカの株式市場における会社買収のブームに乗じて、会社規模を全世界的に拡大していったサーチ&サーチ社は、一九八〇年代の半ばには、世界最大の広告会社となったのです。

サーチ兄弟、とりわけ弟のモーリスは、その派手な生活スタイルで知られていました。高級な自動車を乗り回し、高価な葉巻をくゆらせ、現代アートで飾られた美しいオフィスをもち、豪華な内装をほどこしたお城に住んで、人を驚かすようなパーティをしょっちゅう開いていたのです。一九九〇年代に入って、サーチ&サーチ社の業績が悪化したなかでも、二人は、八〇年代の拡張的な経営方針と発展的な生活スタイルを続けていました。ところが、そのころ、すでにサーチ&サーチ社の株式の約三〇%は、年金ファンドなどを中心としたアメリカの機関投資家が所有するところとなっていたのです。彼らは、サーチ&サーチ社の利益率が大幅に低下しているのにかかわらず、サーチ兄弟が破格の報酬を得ていることに不満を抱いており、一九九四年に弟のモーリスがさらなる報酬の増額を要求したことをきっかけにして、取締役会を通じて、モーリスを会長の座から引きずり降ろしてしまいました。まさに、株主の反乱でした。

しかしながら、それは舞台の第一幕でしかありませんでした。すぐに、第二幕が始まったのです。サーチ兄弟の反撃です。

怒ったモーリスは、「会社は一部の株主に乗っ取られてしまった」という非難の手紙をつきつけて、サーチ&サーチ社を辞めます。そうすると、それまで彼とともに働いていた多くの幹部社員が、モーリスの後を追って辞めてしまったのです。それだけではありません。さらに、それまでサーチ&サーチ社の顧客であった英国航空や米大手製菓メーカーのマースや日本のセガなども、サーチ兄弟との関係を重視して、サーチ&サーチ社との契約を打ち切ってしまうのです。モーリスを追ってサーチ&サーチ社を辞めた役員のひとりが、こういったと伝えられています。「われわれが会社を去るのではない、会社がわれわれを去ってしまったのだ」と。

モーリスは新しい広告会社をつくり、サーチ&サーチ社創設の時とは逆に、今度はかれが兄のチャールズを迎え入れるのです。この新しい広告会社は、一九九五年に二人の名前の頭文字をとって「M&Cサーチ(M&C SAATCHI)」と名付けられることになります。もちろん、元のサーチ&サーチ社は、これまでの経営の中核をになってきた多くの会社幹部を失い、さらにこれまで長期の関係を結んできたいくつかの重要な顧客を失ってしまい、業績を急激に悪化させてしまいます。株価は大幅に下がり、創業者を追い出したアメリカの機関投資家は、結果として、大きな損失をこうむってしまったのです。一方、新しいM

&Cサーチ社は、元のサーチ&サーチ社で中核的な役割をになってきたひとびとを経営の中枢に据え、その重要な顧客の一部も同時に獲得して、急激な成長をとげます。そして、二〇〇〇年にはいると、とうとう元のサーチ&サーチ社をその規模で追い越してしまうことになったのです。

いま、二人は、実際の会社経営からほぼ手を引き、兄のチャールズは現代アートのパトロンとしての、弟のモーリスは貴族院議員としての活動に力を注いでいるといわれています。舞台の第三幕は静かです。

株主主権論の敗北

サーチ&サーチ社の話は、それ自体でたいへんに面白い話です。だが、ここであえてわたしがその話を取り上げたのは、いうまでもありません。それが、ポスト産業資本主義的な時代とは、おカネの提供者としての株主の力が弱まった時代であるということを、もっとも劇的にしめしてくれる話であるからです。

サーチ&サーチ社とは、広告会社です。広告とは、基本的に、情報です。そして、情報とは、差異性です。広告とは、たんにひとつの商品を他の商品から区別するだけでなく、ひとつひとつの商品に物理的な意味での差異性に還元できない過剰な差異性をあたえる活動なのです。その意味で、広告会社とは、まさに差異性そのものを作って売る会社として、典型的なポスト産業資本主義的会社にほかならないのです。

それゆえ、サーチ&サーチ社における最大の資産は、差異性を作り、差異性を売るための知識や能力です。すなわち、チャールズのコピーライターとしての才能とモーリスの経営者としての手腕、この二人と一緒に長年仕事をしてきたコピーライターや経営陣のあいだのチーム・ワーク、さらにはこの二人を中心として会社が長年築いてきた顧客との信頼関係などです。それらはすべて、おカネで直接コントロールすることができない、ヒトの頭脳のなかの知識や能力です。そして、それらは、まさに自由意思をもつ誇り高き存在としてのヒトの知識や能力であるということによって、とりわけおカネによる直接的な支配を嫌悪するはずのものなのです。

ところが、年金ファンドを中心とするアメリカの機関投資家は、このようなポスト産業資本主義的な会社にたいして、産業資本主義的な世界を前提とした「株主主権」の論理を強制しようとしたのです。おカネがヒトを支配しようとしたのです。結果はいま見たように惨憺《さんたん》たるものでした。サーチ&サーチ社は、その最大の資産であったチャールスとモーリスとその経営のチームとその顧客を失ってしまうことになったのです。元のサーチ&サーチ社はその実体を失って、会社として没落をはじめ、元のサーチ&サーチ社の実体であったサーチ兄弟は、おカネを失いましたが、ただちにM&Cサーチ社という新しい会社の中核として、再生をとげることになったのです。実際、新しい会社をおこすおカネは、すぐに調達できたのでした。

産業資本主義の時代においては、おカネはモノを支配することによって、ヒトをも支配していました。だが、ポスト産業資本主義の時代が幕開けをしたいま、おカネとヒトとの力関係が、大きく変わり始めているのです。わたしたちはいま、あたかもグローバル標準であるかのようにみなされている株主主権論のドグマに囚われずに、もう一度おカネとヒトとの関係を考え直し、資本主義の新たな形態のなかで生き抜いていける、新たな会社の形態を考えていかなければならないのです。

古典的企業の復活

まず第一に、ポスト産業資本主義の時代においては、産業資本主義、とくに後期の産業資本主義時代において衰退した古典的なオーナー企業が復活してくることは確かです。

なぜならば、くりかえしになりますが、ポスト産業資本主義における利潤の最大の源泉は、機械制工場ではなく、差異性を創り出していくことのできる人間の知識や能力です。しかも、またくりかえしになりますが、ポスト産業資本主義の時代においては、産業資本主義の時代に比べて、おカネの調達がはるかに容易になっています。したがって、そのような能力や知識を身につけている個人は、以前よりも簡単に自分で企業をおこすことが可能になっているのです。その意味で、ポスト産業資本主義の時代には、古典的なオーナー企業がふたたび復活してくるはずです。

実際、統計をみると、八〇年代から九〇年代にかけて、世界中で自営業者の数が大きく増えているのがわかります。(たとえば、OECDの『ECONOMIC OUTLOOK』、一九九二年号)。ただし、残念ながら、いまのところ、日本は例外です。(もうひとつの顕著な例外はフランスです)。日本の自営業者の数は八〇年代には比較的安定していたのですが、九〇年代に入って大幅に低下しているのです。それが、客観的な経済情勢の悪化によるものなのか、自分で自分のボスになるという独立心の喪失によるものなのか、判断が分かれています。(そして、フランスでも同じような議論がおこなわれています)。

かつてマルクス経済学の影響力が強かったとき、自営業的な小規模生産から大量の資本を集積した大規模な機械制工場への転換こそ、まさに資本主義の史的発展の必然的法則であるなどということが、まことしやかに唱えられていました。じじつ、社会主義国家を一国一工場システムとして建設しようとしたレーニン思想やスターリン主義は、それがもたらした悲惨とともに、まさにその必然的な帰結であったのです。

これにたいして、ポスト産業資本主義になって、大規模な機械制工場から自営業的な小規模生産への「後戻り」が起こりつつあることは、たいへんに面白い事実です。科学の名の下に語られていた単線的な史的発展の法則などというものが、いかにマヤカシであったかということです。

だがわたしは、たとえ自営業的な小規模生産への「後戻り」がこれからさらに大きな趨勢になったとしても、会社という制度そのものが衰退していってしまうとは考えてはいません。いや、逆に、ポスト産業資本主義の時代において、会社という制度はますます活用されていくことになるはずだと考えているのです。

シリコン・ヴァレー・モデル

ポスト産業資本主義的な企業がもっとも華やかな活動をしている場所は、いうまでもなく、アメリカのシリコン・ヴァレーです。それは、スタンフォード大学がかかえる多数の研究者とその多様な研究活動が触媒となって自然発生的にできあがった、ヴェンチャー企業の一大集積地です。一方で、さまざまな知識や能力、いや、もうすこし派手なカタカナ英語を使えば、さまざまなアイデアやタレントをもつ個人やグループが、ヴェンチャー企業家として一旗揚げることを目的に集まり、他方で、大きなリスクをとれる資金をもった個人や法人が、ヴェンチャー資本家として、そのようなアイデアやタレントに投資することを目的に集まってきているのです。そこで通常おこなわれているヴェンチャー企業の立ち上げ方法は「シリコン・ヴァレー・モデル」とよばれ、いま日本を含め世界中が、何とかその「成功」にあやかろうとして、模倣、いや移植を試みているのです。

先ほど、ポスト産業資本主義の時代においては、産業資本主義時代に比べて、おカネの調達がはるかに容易になったと述べました。だが、もちろん、これはあくまでも相対的な話です。アイデアやタレント以外に何の資産ももっていない個人(あるいはグループ)がそのアイデアやタレントを事業化するために必要なおカネを調達するのは、やはりたいへんであることには変わりありません。

おカネを貸す側の立場になって考えれば、その理由はすぐわかります。第一に、アイデアやタレントをもった個人が必ずしも良い経営者であるとはかぎらないからです。いや、ほとんどの場合は、経営の才覚はないと考えたほうがよい。仮に経営の才覚をもっていたとしても、事業をはじめて立ち上げる場合には、それを発揮するための経験がまだ不足していることが多く、事業が軌道に乗る前に失敗させてしまう可能性がひじょうに高いのです。第二に、より根源的には、近代社会において、借金ドレイという制度が許されていないからです。物的資産をもっている個人におカネを貸す場合には、その物的資産を担保とすることができますが、アイデアやタレントといった人的資産しかもっていない個人におカネを貸す場合には、その人的資産を担保としたら、ドレイ禁止令違反で逮捕されてしまいます。つまり、物的資産をもっている個人が事業に失敗しても、貸し手はすくなくとも担保だけは差し押さえることができます。だが、人的資産をもつだけの借り手が事業に失敗したときには、貸し手は何も差し押さえることはできないのです。そしてさらに悪いことに、この事実を逆に悪用して、アイデアやタレントを騙《かた》っておカネを借り、そのおカネを自分のポケットに入れて、勝手に破産してしまうような輩《やから》が後を絶ちません。それゆえ、貸し手はアイデアやタレントしかない個人にはおカネを貸したがらず、その結果、本当に有望なアイデアやタレントをもっているヴェンチャー企業家であっても、なかなか必要なおカネを借りることができないのです。

シリコン・ヴァレー・モデルとは、この問題を解決するためのひとつの方法です。そして、重要な点は、それもやはり株式会社制度をフルに活用しているということです。

まず、自由になるおカネをもったヴェンチャー資本家が、場合によっては投資銀行などからの資金も募って、ヴェンチャー基金を設立します。そして、そのヴェンチャー基金は、有望なアイデアやタレントをもつ個人やグループを書類審査やインタビューなどによっておおよそ二〇から三〇選びだし、それぞれと共同でヴェンチャー企業を非上場の株式会社として立ち上げるのです。ここで、同時に複数の会社を立ち上げるのは、ヴェンチャー企業は失敗する確率がひじょうに高いので、そのリスクを分散するためです。その数を二〇から三〇に制限するのは、それぞれの企業の経営に十分注意を払うことができるようにするためです。実際、ヴェンチャー資本家は、それぞれのヴェンチャー企業の大株主になるだけではなく、ほぼ例外なくその取締役となって、その経営をたえず監視し、必要ならば経営に直接介入するのです。それによって、一方で、ヴェンチャー企業家の経営者としての経験不足を補えます。他方で、本当に優れたアイデアやタレントを選別することができます。駄目だと分かったヴェンチャー企業からは、それまで投資した資金はあきらめて、さっさと手を引いてしまいます。

では、なぜヴェンチャー企業はたんなる共同企業やパートナーシップの形態をとらずに、非上場の株式会社の形態をとるのでしょうか？　非上場である理由は、明らかでしょう。ヴェンチャー資本家の立場からは、ほかの株主の存在に煩《わずら》わされずに、有力株主として自由に経営に介入できるからです。ヴェンチャー企業家の立場からは、非上場であれば、ヴェンチャー資本家は株式を簡単に売り払うことができないので、真剣にヴェンチャー会社の経営にコミットしてくれることを期待できるからです。

株式会社の形態をあらかじめとっておく理由も、よく知られています。ヴェンチャー資本家がヴェンチャー企業に投資するのは、配当をもらおうと思っているためではありません。まだ経営が軌道に乗っていないあいだは、会社は慢性的に資金不足ですから、多額の配当など要求したら、せっかくの金の卵をつぶしてしまいます。ヴェンチャー資本家が実際に利益を手にするのは、IPO（INITIAL PUBLIC OFFERING＝最初の株式上場）の瞬間においてなのです。すなわち、ヴェンチャー会社が成功して、経営が軌道に乗ったときに、その株式を市場で上場させ、自分の持ち株を売り払うことによってなのです。株価が首尾よく高値をつけることができれば、その利益はそれこそ膨大なものになるはずです。

ただ、もしこのヴェンチャー企業が共同企業やパートナーシップの形態をとっていたら、それを上場会社に転換するためには、それまでの契約を書き直さなければなりません。だが、そのときにはヴェンチャー資本家とヴェンチャー企業家とのあいだの力関係は、事業が成功したという事実を背景にしたヴェンチャー企業家に大きく傾いてしまっているはずです。両者のあいだの契約の書き直し作業は、株式の配分比率などをめぐって、大もめにもめることは必至です。それにたいして、最初からヴェンチャー企業を株式会社の形態にしておけば、それぞれの株式の持ち分はあらかじめ決まっていますので、そのような契約の書き直しは必要ありません。上場する作業は、スムースにおこなわれることになるのです。

だが、じつは、ヴェンチャー企業が株式会社の形態をとることには、それ以上にもっと根源的な理由があるのです。それは、シリコン・ヴァレーのヴェンチャー企業が、アイデアやタレントから、いいかえれば知識や能力といった知的資産から、さらに一般的にいえば、「情報」から利潤を生み出すことを目的として設立されていることにあるのです。

知的財産権について

一見すると、情報から利潤を生み出すもっとも簡単な方法は、情報そのものを商品として売ってしまうことのように見えます。だが、通常の形あるモノを商品として売る場合とちがって、たんなる差異性でしかない情報を商品として売ることには、本質的な困難がつきまとってしまうのです。

情報を商品として買う側にとっては、その情報の内容を実際に見てみないことには、それがどれだけ自分にとって価値があるのかわかりません。他方、情報を売る側にとってみれば、ひとたびその情報を買い手に見せてしまえば、それは簡単にコピーされてしまいます。そして情報は、一度コピーされてしまえば、その経済価値を失ってしまうのです。なぜならば、情報にかんしては、本物とコピーとのあいだに何のちがいもないからです。コピーがタダで手にはいるならば、だれも本物を買おうとはしないはずです。情報を商品として売るためには、他人にあらかじめ見せなければならない。だが、情報をあらかじめ他人に見せてしまったら、商品として買ってくれなくなってしまうというジレンマがあるのです。ですから、これまで何度も、情報の商品化こそポスト産業資本主義の究極の形態であると述べてきましたが、情報の商品化とは、じつはけっして簡単なことではないのです。

近年、特許権や著作権といった知的財産権（知的所有権）についての議論が盛んですが、知的財産権とは、簡単にいってしまえば、情報をタダでコピーすることを禁じる制度です。それは、情報の商品化につきまとうジレンマを、法律の力によって強制的に「解決」し、それを通常の形あるモノと同様に売り買いできるようにするための試みにほかなりません。実際、いま世界中の国々が、まさに国運をかける意気込みで、そのための法制度を整備しようと躍起になっています。とりわけアメリカは、自国の知的財産制度を、自国の資本主義と同様に、グローバル標準にしようとして多大な努力を払っています。これらの試みは、意識しているにせよしていないにせよ、いずれも情報の商品化というポスト産業資本主義の究極の形態をこの世に実現していくという、歴史的な使命をはたしているにすぎないのです。

ポスト産業資本主義における企業の存在理由

じつは、情報の商品化の困難を「解決」するには、もうひとつ別の方法があるのです。それは、情報そのものを他人に売る代わりに、情報を自分で独占して使うことです。情報を公開するのではなく、囲い込んでしまうのです。すなわち、みずから企業をおこし、独占した情報に基づいて何らかの差異性のあるモノやサービスを商品として生産することです。言い換えれば、その情報をコア・コンピタンスとするポスト産業資本主義的な企業を立ち上げるのです。シリコン・ヴァレーのヴェンチャー企業は、まさにこの典型例に他なりません。

すなわち、現代企業理論の創始者であるロナルド・コースがかつて発した「なぜ企業などというものが存在するのか？」という問いを、ポスト産業資本主義のなかでもう一度発してみると、「情報をそのまま商品化するのは困難であるから」という答えが返ってくるはずなのです。（ここでの議論は、ゼミ生であった野瀬宏平《のせこうへい》君の卒業論文からヒントを得ています）。

だが、この場合にも、やはり困難が待ちかまえているのです。

なぜならば、企業活動とは、本質的に、多くの人間との共同作業（チーム・ワーク）であるからです。たとえば、最先端の技術をもった個人が企業を創設したとしても、その技術をもとにして実際に企業活動をおこなっていくためには、生産工程を設計したり工場施設を建設したりする人が必要ですし、製品のための市場を開拓したり原材料の調達先を確保したりする人も必要ですし、原材料を搬入したり機械を運転したり製品を配達したりする人も必要です。その際、共同作業者たちは、先端技術にかんする情報の少なくとも一部を何らかの形で共有しなければ、仕事になりません。そして、同じことをくりかえしますが、情報はひとたび他人の目にさらされると、簡単にコピーされ、他人にも利用可能になってしまうのです。先端技術を知った人は、その情報をもとに自分で企業をおこしてしまうかもしれません。先端技術を垣間見た人が、その情報を外部に流してしまうかもしれません。そうなれば、その技術の先端性が崩されてしまい、それを使った製品の差異性も短期間のあいだに消えてしまうことになるでしょう。(技術が特許権などによって法的に保護されている場合であっても、一度その核心部分が知られてしまうと、特許権に触れない形でそれを模倣するのは、はるかに容易になってしまうのです)。

じじつ、シリコン・ヴァレーにあるコンピュータ企業の多くは、従業員を新たに雇うとき、「非競合条項(NO COMPETE CLAUSE)」を含んだ契約書に署名させます。企業の情報を持ち出して、その企業と競合する活動をいっさいおこなわないという誓約です。だが、そのような誓約書の存在にもかかわらず、どの企業はどの企業の技術を盗んでつくられたなどという噂が絶えません。そして、その噂の多くは、少なくとも部分的には真実であるといわれているのです。

ここにも情報をめぐる本質的なジレンマが、新たな形で登場しているのです。情報をもとにした企業活動をおこなうためには、共同作業をおこなう多くのひとびとにその情報を見せなければならない。だが、その情報を見せてしまったら、だれも共同作業に参加してくれないというジレンマがあるのです。

黄金の手錠をかけること

では、この新たなジレンマを「解決」して、情報を企業の内部に囲い込んでおくためには、一体どうしたらよいのでしょうか？

基本的には、企業にたいするコミットメントと引き替えに、情報を共有させるような仕組みを作り上げること以外にありません。（ここでコミットメントなどというカタカナ英語を使いたくないのですが、適当な日本語がないのでやむなく使います。「献身」とか「参加」とか「運命をともにする」とかいう意味です）。もちろん、何らかの人間的な信頼関係に基づくコミットメントであれば、理想的です。たとえば、イタリアなどでは、ポスト産業資本主義的な産業においても、家族的な経営が依然として大きな力をもっている理由がここにあるのです。

だが、残念ながら、家族や友人のあいだであっても、往々にして利害関係は信頼関係よりも強力です。したがって、差異性としての情報をもとにしたポスト産業資本主義的な企業活動が可能なためには、一般には、その情報を共有する人間が、経済的な意味で企業にコミットメントしていることが必要となるのです。すなわち、企業の内部に居続けることのほうが、経済的に有利であることが必要なのです。

そのためには、いくつかの仕組みが考えられます。もっとも簡単な仕組みは、企業の内部に居残ってもらうためのインセンティブを、直接に金銭的な形であたえることです。たとえば、一定の年限を勤め上げないと資格をもらえない企業年金制度や企業退職金制度、さらには一定の期間現金化できない従業員株主制度(ESOP)や一定の年月保有していないと権利を行使できない株式オプション制度などが、その例です。企業秘密を持ち出してしまえば、当然にこれらの報酬はフイになってしまいます。英語では、これらの制度のことを、ふざけて「黄金の手錠(GOLDEN HANDCUFF)」などとよんでいます。おカネの力で、個人を企業にしばりつけるからです。

個性的な企業文化を築くこと

だが、もうすこし複雑で、はるかに生産的な仕組みがあります。

それは、すぐれて個性的な企業組織を作り上げることです。

すでに述べたように、どれほど価値のある情報があっても、それをさまざまな人間がさまざまな知識や能力によって補完していかなければ、実際に企業活動に役に立つようにはなりません。すなわち、企業活動には、企業組織が必要なのです。

たとえ最初は創業者のアイデアやタレントだけを元手に企業を出発させたとしても、生産活動の経験やノウハウの蓄積や市場動向の変化などに応じて、もとのアイデアやタレントを修正したり改良したり発展させたりしていかなければなりません。企業活動が軌道に乗り始めると、それを維持し、さらに拡大していくために、さまざまなアイデアやタレントを新たに導入したり考案したり実践したりしていかなければなりません。そのためには、経営専門家や技術専門家や熟練労働者などが、試行錯誤のなかでそれぞれの企画力や開発力やノウハウを蓄積しながら、おたがいに協力していく必要があるのです。そして、そのようなプロセスのなかで、企業の中核をなすアイデアやタレントは、創業者個人の頭脳や肉体を離れ、経営者や技術者や労働者によって構成される組織全体の知識や能力に転化していくことになります。多少トートロジカルに言えば、企業組織とは、それに参加する経営者の企画力や技術者の開発力や労働者のノウハウといった、組織特殊的な人的資産のネットワークにほかならないのです。

ところで、企業のなかで、このような組織特殊的な人的投資が積極的になされればなされるほど、その収益性が高まっていきます。だが、それと同時に、そのような組織特殊的な人的投資によって編み上げられていく企業組織は、「文化(CULTURE)」としか言いようのない個性をもつようになります。なぜならば、企業組織といえども、人間の組織です。人間の組織はまさにそれぞれが異なった目的や能力や信念や感情をもった人間の組織であることによって、工学的な意味での最適性とは無縁なものであるからです。そして、今度はこの企業文化が、企業組織のなかでの人間の活動のあり方を構造的に規定するようになります。ひとびとは、その文化に適合するための人的投資をしなければ、企業組織の一員として活動することができなくなってしまうのです。

企業組織の一員になるということは、たんなる契約関係とちがって、その内部の情報を何らかの形で共有する権利を得ることです。だが、その企業組織がより個性的な文化をもっていればいるほど、それに参加するために投じなければならない組織特殊的な人的資産が大きなものになり、企業内部の情報をもちだしてクビになってしまったときに失うものが大きくなってしまうのです。

ただ、一般的に人的投資には時間がかかりますから、最初は企業情報のごく周縁的なもののみを共有させ、組織特殊的な人的資産が蓄積されていくにつれて、より重要な情報を共有させていくような仕組みがとられることが多いはずです。企業に対する貢献度に応じて、組織のなかにおける地位が高まり、企業内部の情報の中核的な部分まで共有できる権限をもつようになるという仕組みです。そして、最終的に、企業情報のすべてを共有するようになったときには、その従業員はもうすっかり企業文化に染め上げられており、別の企業に移籍したり、新たな企業をおこしたりするよりは、これまで働いてきた企業が生み出す利潤の分け前にあずかったほうが有利になってしまうというわけです。企業文化こそ、企業の機密情報を囲い込む、もっとも有効な垣根であるというわけです。（これが民族や国家の話であれば、このような文化の役割こそ、まさに否定されるべきことであるのですが）。

いずれにせよ、ここで、ポスト産業資本主義的な企業にとって何よりも大切なことは、企業組織、いや企業文化をできるかぎり個性的なものにすることであるという教訓がえられたのです。まず第一に、すでにくりかえし述べているように、ポスト産業資本主義においては、差異性を意識的に創り出していくことがそれぞれの企業にとっての至上命令であるからです。そのためには、他の企業にはない技術特許や製品デザインや顧客リストなどをもっているだけでなく、そのような差異性をもつ知的資産をたえず生み出していくことのできる個性的な組織を築きあげる必要があるのです。これこそ、前章で論じたコア・コンピタンスにほかなりません。

だが、これに加えて、いま第二の理由が浮上したのです。それは、企業組織が個性的であればあるほど、その組織の一員として働くために投資しなければならない組織特殊的な人的資産が大きなものになっていくことです。それは、その組織に参加している人間が組織にたいしてもつコミットメントの度合いを高め、結果として、企業の中核をなす情報が外部に流出していくのを防ぐはたらきをするからです。

いや、さらに言えば、ここには一種の好循環がはたらく可能性があります。差異性のあるモノやサービスを作り続ける能力をもった個性的な組織を築きあげるのに成功した企業は、まさにその個性によって従業員が企業内部の情報を外部にもちだすインセンティブを低め、それが作るモノやサービスの差異性をより長く維持できるようになるという可能性です。成功した企業がますます成功していくわけです。逆に、個性的な組織を作れなかった企業は、二重の意味で不利な状況に置かれてしまうことになるわけです。前章で、コア・

コンピタンスとは「組織全体」の知識や能力であると強調したひとつの理由がここにあります。

ポスト産業資本主義時代における法人化の意義

だが、ここにさらに問題が生まれます。

それは、第五章で議論したホールド・アップ問題です。従業員は当然のことながら、企業の組織にたいして時間や労力を使ってコミットメントをしても、企業に裏切られてしまうのではないかという恐れをもっています。企業年金や退職金や従業員株主制度や株式オプションなどの約束につられて、企業のために一生懸命はたらいても、後に実際にその権利を要求するときに、その約束をホゴにされてしまうかもしれません。また、その企業組織にしか通用しない知識や能力を習得して、企業にたいしてさまざまな貢献をした後になって、暗黙の合意などなかったかのように振る舞われて、企業利潤の分配にあずかれないかもしれません。

もちろん、そのような恐れがあるかぎり、たんなる約束にすぎない黄金の手錠などよりも短期的な報酬のほうを欲しがるはずですし、かならずしも見返りが保証されない組織特殊的な人的資産に投資することも躊躇してしまうはずです。そうなれば、そもそも企業の内部における情報の共有は不可能となってしまい、話は振り出しに戻ってしまうのです。

サーチ&サーチ社の例は、話のスケールがあまりにも大きくて、通常の企業が面している問題とは無関係に見えますが、それでも支配株主が、企業に多大なコミットメントをしてきた人間にたいする事後的な報酬を出し惜しみしたという意味で、このホールド・アップ問題の一例であることは確かなのです。もっとも、この場合、支配株主によるホールド・アップは見事な失敗に終わりましたが。

もうすでに明らかだと思います。ここに、ポスト産業資本主義的な企業が法人化することの意義があるのです。第五章において、おもに産業資本主義的な企業にかんして、それが古典的なオーナー企業や法人名目説的な会社である場合には、ホールド・アップ問題が深刻であるのにたいして、法人実在説的な会社の場合は、純粋にヒトとなった会社それ自体が組織特殊的な人的資産の「事実上」の所有者としての役割をはたし、外部の人間によるホールド・アップを防いでくれる可能性を指摘しました。これと同じことが、ポスト産業資本主義的な企業にかんしてもいえるのです。企業が株式会社となり、会社それ自体が純粋にヒトとなる法人実在説的な会社の形態に近づいていけばいくほど、オーナーや支配株主によるホールド・アップの可能性が弱まり、そのなかの従業員が組織特殊的な人的投資をおこなうインセンティブが増えてくるはずであるのです。サーチ＆サーチ社の事件は、株主主権論の隆盛を背景にして、アメリカの年金ファンドの株式所有比率の上昇がサーチ＆サーチ社を法人名目説的な方向に引き戻してしまったことによって引き起こされてしまったのです。

一八世紀後半のイギリスの産業革命を出発点とした産業資本主義の時代においては、機械制工場さえ建設すれば、企業として利潤をあげることができました。そのなかで、会社という制度、とりわけ株式会社という制度は、主として機械制工場を建設するための資金を大衆から調達するための手段として導入されました。一九世紀後半から二〇世紀前半にかけてアメリカやドイツを中心として起こった第二次産業革命は、大規模な機械設備を必要とする重化学工業を前面に押し出し、大量の資金の調達手段としての株式会社制度をさらに発展させました。だが、それは同時に、巨大化する機械制工場を効率的に運営していくための専門経営者や工業技術者や熟練労働者を登場させることによって、会社という存在に第二の役割を与えることになったのです。すなわち、専門経営者や工業技術者や熟練労働者による組織特殊的な人的資産の「事実上」の所有者として、外部の株主によるホールド・アップから保護するという役割です。

そして、二〇世紀の後半からはじまったポスト産業資本主義の時代においては、資金を調達する手段としての会社制度の役割が弱まりつつあります。おカネで買える機械設備から、おカネで買えない人間の知識や能力へと、利潤の源泉が移行してしまったからです。企業の中心が、物的資産から人的資産へ、すなわち、モノからヒトへと移行してしまったわけです。だが、それは、かならずしも会社という制度そのものの退潮を意味しているのではありません。いや、機械と設備さえあれば企業が企業として成立することができた産業資本主義時代とちがって、企業が企業として成立するために従業員が企業にたいしてコミットメントをもつことが不可欠となったポスト産業資本主義時代においては、従業員の組織特殊的な人的資産の「事実上」の所有者という会社の第二の役割が、ますます重要になってきているのです。

すなわち、会社という制度が、オーナーや支配株主といったおカネの供給者の利益を増進するための道具から、逆に、専門経営者や工業技術者や熟練労働者の組織特殊的な人的資産をまさにオーナーや支配株主の簒奪から防衛する垣根へと変わりつつあるのです。それは、株主主権的な会社から共同体的な会社への転換としてとらえることもできるはずです。当たり前ですが、おカネの力によって縛りつけられていないならば、オーナーや支配株主といった生身の人間に従属して働くよりは、法人としての会社という抽象的な存在のもとで働くほうが、はるかに働くモチベーションは高くなるはずです。

だが、振り返ってみれば、いま会社制度の「第二」の役割であると述べた、組織特殊的な人的資産の「事実上」の所有者としての役割とは、実のところ、会社という制度のそもそもの出自に戻っているだけだとも言えます。なぜならば、それは、会社とは株主とは独立した主体としての法人であるという事実を、そのまま使っているからです。すでに、第二章と第三章で見たように、会社という制度は、本来はヒトでないモノを法律上ヒトとして扱う法人という制度の、ごく自然な拡張にすぎないのです。

ポスト産業資本主義的企業における組織デザイン

ところで、右で、ポスト産業資本主義的な会社において、法人としての会社それ自体が、専門経営者や工業技術者や熟練労働者の組織特殊的な人的投資をオーナーや支配株主の簒奪から防衛する垣根の役割をはたすことになる、と述べました。だが、これですべての問題が解決するわけではありません。いや、本当の問題は、ここから始まるはずです。それは、この垣根の内側をいったいどのように整えるかという問題です。すなわち、企業組織をどのようにデザインすればよいかという問題です。

この問題にかんしては、アメリカのいわゆるハイテク企業を中心として、すでにさまざまな試みがなされ、しかもその試みにかんしてさまざまな研究がなされています。

産業資本主義時代においては、企業組織のデザインは比較的簡単でした。なぜならば、そこでは機械制工場が利潤の源泉であり、その潜在的な規模の経済や範囲の経済をいかに現実化していくかが、至上命令であったからです。企業組織も、したがって、機械や設備をもっとも効率的に運営することを目的にして、いわば工学的に最適なものを組み立てればよかったわけです。ヒトの組織は、まさにモノの論理に従っていたのです。(チャーリー・チャップリンの映画『モダン・タイムス』は、まさにこのことを描いていたわけです)。その結果として、産業資本主義的な企業の多くは、上から下へと命令が通達されていく大がかりな階層組織を築き上げることになりました。

これにたいして、ポスト産業資本主義的な企業においては、機械設備はその中心性を失い、経営者の企画力や技術者の開発力や従業員のノウハウこそ企業の中核を占めるようになっています。機械や設備といった物的資産は、おカネさえあれば手に入れることができ、手に入れさえすれば、自由に使うことができます。これにたいして、企画力や開発力やノウハウなどは、経営者や技術者や労働者の頭脳や肉体のなかにあり、おカネで買うことも、外部から直接コントロールすることもできません。おカネが唯一できることは、優秀な経営者や技術者や労働者が企業を魅力的に感じ、企業のなかで企画力や開発力やノウハウを蓄積していき、さらにそれらを企業の利益に貢献するような形で発揮してくれるような環境を作り上げていくことしかありません。いや、そのような環境作りにおいても、やはり、おカネよりもアイデアやタレントのほうがはるかに大きな役割をはたすことになるはずです。

いずれにせよ、人間が創意と工夫を必要とする仕事を内発的におこなうためには、中央集権的な階層組織ではなく、自由で独立した環境が不可欠です。もし機械や設備が必要となるならば、機械や設備のほうを人間の論理に合わせるようにしなければなりません。具体的には、仕事の内容を自主管理にまかせるとか、指揮系統を水平的にするとか、自由裁量的に使える予算をつけるとか、外部の人間との知的交流を促すとか、勤務時間をフレキシブルにするとか、オフィスを居心地の良いものにするとかといった、いわゆるソフトなインセンティブが重要になってきます。（言い換えれば、会社をアメリカやイギリスの大学のような組織にするということにほかなりません。ここで、日本の大学のような、と言いきれないのが残念です。いずれにせよ、アメリカやイギリスにおいても、知的労働者の典型である大学の研究者にたいして人事の独立性やテニュア(終身被雇用権)を与えていることは、まさにそのような工夫のひとつであるとみなしえます)。

もはや機械制工場という物理的な制約から解放されてしまったポスト産業資本主義的企業にとって、いかにヤル気を起こさせる人間組織をデザインするかが、その命運を決してしまうことになったのです。

このようなソフトなインセンティブに加えて、ハードなインセンティブ、すなわち金銭的報酬の重要性はいうまでもありません。そして、そのような報酬制度として、多くのポスト産業資本主義的な企業が実践をしはじめているのは、まさにさきほど「黄金の手錠」としてリストアップしておいたものなのです。すなわち、一定の年限を勤め上げないと資格をもらえない企業年金制度や企業退職金制度、さらには一定の期間現金化できない従業員株主制度(ESOP)や一定の年月保有していないと権利を行使できない株式オプション制度などです。このなかでも、とりわけ株式オプション制度は、アメリカなどではもっとも有効な制度であると見なされています。

従業員株式オプション制度について

ただし、ここで注意をしなければならないのは、ここでいう株式オプション制度は、株主主権論にもとづいてトップの経営者に与えられる株式オプションとは、まったく異質のものであるということです。いわゆるアメリカ型のコーポレート・ガバナンスにおいて、トップの経営者に大量の株式オプションを与えるのは、会社の経営を牛耳っている彼ら自身を大株主にしてしまうことによって、株主の利益を喜んで最大化するようになってもらうためです。だが、第二章から第四章にかけて述べたように、このようなコーポレート・ガバナンスの前提である株主主権論は理論的な誤謬でした。そして、エンロンやワールド・コムの破綻は、その必然的な帰結であったのです。

これにたいして、いま論じている株式オプション制度は、会社のトップに向けたものではなく、長期に雇用されている従業員に向けたものです。それは、会社は株主だけのものではなく、会社にたいして組織特殊的な人的投資をしているさまざまな参加者（ステーク・ホールダーズ）のものでもあるという、会社共同体論と強い親和性をもっている制度なのです。じじつ、経営者の企画力や技術者の開発力や労働者のノウハウこそポスト産業資本主義的な会社の利潤の最大の源泉です。経営者や技術者や労働者は、そのような人的資産を会社組織のなかに蓄積していくことの見返りとして、会社の利潤の一部をうけとる正当な権利をもっていると、当然感じているはずです。会社の株式を渡すことは、会社の利潤を配分するもっとも自然な方法であるのです。

ただ、このような組織特殊的な人的資産の蓄積には時間がかかりますし、またその効果があらわれるのも時間がかかるはずです。したがって、それにたいする見返りも長期にわたるものでなければ、従業員は会社のなかで長く働こうとは思わなくなりますし、会社のほうでも支払のための原資が不足してしまいます。アメリカでは、従業員に株式をそのままボーナスとして渡してしまうと、多くの場合、リスクを分散するために、それを直ちに売ってしまうという研究報告があります。それゆえ、考え出されたのが、一定の年月保有していないと権利を行使できない株式オプション制度です。これだと、その年月のあいだ、従業員は会社のなかにとどまって人的資産を蓄積していくインセンティブをもつことになるはずですし、会社のほうも資金の手当をする必要がないはずです。また、たんに会社の株式を与えるのではなく、会社の株式をある日時にあらかじめ決められた価格で会社から買いとる権利を与えるという株式オプションにするのは、株価を上げるための努力を引き出すためです。株価が買い取り価格より高くなっていれば、従業員は株式を会社から買い取り、市場ですぐに売りさばけば、市場価格と買い取り価格の差が、その報酬となるのです。もちろん、運悪く株価が会社の買い取り価格よりも低くなってしまった場合には、従業員はオプションの権利を行使しなければよいわけですから、何の損失もこうむりません。

もっとも、最近のアメリカの株式市場におけるＩＴバブルの崩壊は、株式オプションを使う報酬制度のもつ本質的な問題点を浮き彫りにしました。会社の株価は、その会社自体の将来性だけでなく、投機的な売り買いが引き起こすバブルによって大きく左右されてしまいます。そして、株価がバブルによって急騰したり急落したりするということは、株式オプションによる報酬制度にギャンブル的な色彩を与えてしまい、本当の意味での長期的なインセンティブとしての機能をはたせないのではないかという問題です。株価が買い取り価格よりも下がってしまったときには、権利を行使しなければ損をしませんが、そのときには株式オプションは何の価値もない紙クズ同然です。それまで急騰していた株価が一転して低迷しはじめると、従業員のヤル気を必要以上に損ねてしまう危険があるのです。じじつ、ＩＴバブルの崩壊後のアメリカにおいて、株式オプションによって従業員を「厚遇」してきた会社がひとたび落ち目になると、会社から大量の離脱者を出してしまい、あっという間に破綻してしまうという例が数多く見られているのです。

それゆえ最近わたしは、たとえば、会社利益の一定割合を積み立てていく会社別年金制度や退職金制度、長期的なキャリアパスを明確に設計した昇進制度、さらには長期雇用者への暖簾《のれん》分け制度といった、もうすこし地道なインセンティブ制度のほうが、従業員の長期的な貢献を促すことになるのではないかと、思うようになっています。

日本的経営のパラドックス

ところで、右でいろいろポスト産業資本主義的な会社のさまざまな特質を論じてきたわけですが、それにかんして複雑な気持ちをいだいたひとも多いのではないかと思います。なにしろ、そこで取り上げた分権的な企業組織や、企業年金や退職金や内部昇進といった制度などは、第六章で簡潔に触れたように、かつての日本的な雇用システムの核心部分をなすものであるからです。さらに言えば、前章の最後で簡単に触れておいた、企業本体の規模は小さくして、生産や開発の大きな部分を信頼のおける少数の供給者に外注(アウトソース)していくという、北イタリアのファッション財企業の生産システムなども、日本の下請けネットワークのシステムと酷似しています。

「失われた一〇年」のなかで日本的経営は全面的な破産が宣告されたはずなのに、いったいこれはどういうことなのでしょうか？

この疑問に答えるのは、簡単です。それは、日本型の資本主義とは、株主主権を弱体化したことによって成立した資本主義であったからです。それは、株式の持ち合いを通して外部の株主によるホールド・アップを排除し、熟練労働者や工業技術者や専門経営者による組織特殊的な人的資産の蓄積をうながすことを、その最大の特徴としていたのです。その意味で、日本的経営はポスト産業資本主義的な企業を、少なくとも部分的に先取りしていたというわけです。事実、現在アメリカで成功しているポスト産業資本主義的な企業の多くは、日本的経営からいくつか重要なヒントを得ているといわれているのです。

ただ、こう言ったからといって、わたしは、二一世紀において、日本的経営がそのまま復活してくるなどと言おうとしているのではありません。第七章で述べておいたように、日本型資本主義は、産業資本主義、とくに後期産業資本主義にあまりにも適応した会社システムを作り上げてしまっています。それが企業に固有のノウハウや熟練を習得することを従業員にうながす仕組みを備えているといっても、そのノウハウも熟練も、基本的には、機械制工場を効率的に運営するためのノウハウや熟練でしかありません。もちろん、それらがまったく意味を失うなどということはありえません。とくに、技術や市場がすこしでも成熟してくると、まさにこのようなノウハウや熟練が大きな力を発揮していくことになるはずです。だが、そうはいっても、それはやはり、差異性を創り出していくための知識や能力という、ポスト産業資本主義的な企業にとってもっとも重要な人的資産とは、かならずしも一致していません。実際、従来型の日本の会社組織は、創意と工夫を必要とする仕事が内発的におこなわれるための必要条件である自由で独立した仕事の環境とは、大きくかけ離れていることは確かなのです。

はたして、日本の会社がポスト産業資本主義の時代にふさわしい組織に変身をとげ、グローバルな市場における激しい差異化競争に勝ち残っていけるかどうか、わたしには予測できません。ただ、重要なことは、日本の会社がつい最近まで株主主権論というイデオロギーに支配されていなかったということは、最近のマスコミでの論調とは逆に、かならずしも不利にはたらく条件ではないということなのです。

NPOについて

近年、NPOが大きく注目を浴びています。世界的には、WTOやIMFや世界銀行やG8の会議があるたびに、反グローバル資本主義の旗をかかげて大規模なデモンストレーションをおこなうNPOの活動が、マスメディアで大きく報道されているからでしょう。日本では、阪神・淡路大震災でのボランティアの活躍が大きいと思います。それをひとつのきっかけとして、一九九八年にNPO法ができ、法人化の手続きが簡素化されたことによって、多くのNPO法人が設立されるようになりました。

NPOとは、もちろん、NON-PROFIT ORGANIZATIONの略です。それは、読んで字のごとく、非営利組織という意味です。ただ、非営利といっても、利潤を稼がないという意味ではありません。利潤を上げてもかまわない。もちろん、モノを売り買いしても構わないし、おカネを払って従業員や経営者を雇ってもかまわない。たとえ利潤が上がっても、それをメンバーには配分せずに、組織の活動の費用にあてさえしていれば、その組織はNPOと見なされることになるのです。したがって、NPOとはオーナーや株主のいない組織である、と定義したほうがわかりやすいかもしれません。ただし、日本のNPO法では、NPOが法人となるためには、「不特定かつ多数のものの利益の増進に寄与することを目的とする」ことを要求し、保健、医療、福祉をはじめとした一七ほどの分野を特定しています。残念ながら、これでは、NPOの可能性をかなり狭めてしまうように思います。

ここで突然、蛇足のようにNPOについて述べ始めたのは、それがポスト産業資本主義の時代においてますます大きな役割を占めるようになると予想しているからなのです。その底流には、市民意識の高まりにより、なんらかの意味で社会的な貢献をおこないたいと考えている個人の数が、世界においても日本においても急激に増加していることがあります。そして、それに加えて、以下の三つの理由があるのです。

ひとつには、「小さな政府」への動きです。たとえ公共的な活動でも、民間がおこなうことができれば民間に任せてしまうという考え方が、全世界的に拡がっています。とくにそれは、グローバル化の流れのなかで国境を越えた多種多様な公共的サービスの必要性が生まれ、これまでの国家の枠組みのなかでは対処できなくなってきたことによって、加速化されています。この日本においても、九〇年代の「失われた一〇年」のなかで官僚主導型の社会体制にたいする不信が強まり、公共的なサービスの少なくとも一部は、可能ならば、政府ではなく民間に任せたほうがよいと考えるひとびとが増えてきたのです。

第二の理由は、社会の専門化がますます進むことになるからです。

産業資本主義時代の出発点において、アダム・スミスは、資本主義社会を「分業社会」として描き出しました。資本主義の拡大は、分業を発達させ、分業の発達は、ますます資本主義を拡大させ、その結果、いまでは資本主義はまさに地球全体をおおい尽くすまでになっているのです。そして、その分業とは、ひとびとの仕事や職業が細分化され、そのひとつひとつがますます専門的になっていくことにほかなりません。とりわけ、科学技術も経済活動も社会生活も複雑になるにつれて、科学者や技術者や建築家や会計士やファンド・マネージャーや法律家や専門医や精神分析医や教師や芸術家や鑑定家などといった、それぞれ特定の分野において高度な知識や能力をもつ専門家が多数生み出されてきたのです。この傾向は、ポスト産業資本主義のもとでの情報の高度化によって、ますます強められるようになっています。いまでは、すべての人間は何らかの分野の専門家であると言うことすらできるはずです。

重要なことは、専門家が専門家として他人のために仕事をするとき、専門家と他人とのあいだには知識や能力の大きな格差が生まれてしまうということです。それがたとえ契約にもとづいた関係であっても、そのなかには、第三章で解説した信任関係がかならず入り込むことになるのです。すなわち、専門家は専門家であることによって、他人の生命や精神や健康や生活や財産などに関わる仕事を信頼によって任されることになるのです。そして、この信任関係においては、信任受託者としての専門家は、自己利益の追求を抑えて、相手の目的に忠実に、しかも一定の注意をもって仕事をおこなうことが要請されることになります。すなわち、信任義務を負うことになるのです。

そして、ここでいう専門家とは、かならずしも個人だけを指しているのではありません。いや、専門家は多くの場合、専門家の組織を作り、その組織のなかで専門的なサービスを提供します。病院や法律事務所や学校などがその例です。あるいは、構成員自体はかならずしも専門家ではなくても、組織全体として専門的なサービスを提供するようなケースもたくさんあります。図書館や博物館や介護施設などがその例です。いずれの場合も、専門的サービスを提供する組織とそのサービスをうける相手とのあいだには、やはり一種の信任の関係が生まれてしまいます。そして、そのとき、その組織の提供するサービスの質が信頼に足るものであることを保証するものとして、多くの場合、NPOという組織形態が選ばれることになります。非営利であるということは、まさに私的な利益を目的としないことです。それは、自分の利益を抑え、相手の利益に忠実にサービスを提供するということを、おおやけに表明していることにほかなりません。

面白いことに、医療や法務のようにサービスの内容が高度に専門化してしまい、専門家以外の人間にはその内容を客観的に判断することがほとんど不可能になっている分野において、営利的な組織よりも非営利的な組織のほうがお客の必要に忠実なサービスを提供する可能性が高いということで多くの需要をひきつけ、結果として経営が成功する可能性が高いのです。たとえば、病院を会社として経営することを許しているアメリカでも、その約半分が非営利的な組織にとどまっているのは、まさにそのためであるのです。このことは、ポスト産業資本主義のなかで社会の専門化が進むにつれて、NPOの活動の範囲が拡がっていくことを予感させることになるのです。

第三の理由は、金融革命です。

NPOにかんして従来多くの人がいだいていたイメージは、人道的な目的を実現するために、篤志家《とくしか》による寄付をもとに設立され、志の高い人たちがボランティアで忙しく働いている組織というようなものだと思います。（あるいは、官僚の天下り先を確保するために、政府の補助金によって設立された、わけのわからない特殊法人のような組織を、思い描く人もいるかもしれません）。実際、これまで経済学者は言うにおよばず、法律学者でも、私的な利益を目的としないNPOと、私的な利益を目的とする営利法人――すなわち会社――とは、まったく異なった存在と見なしていたことが多かったのです。しかしながら、この本のこれまでの議論からあきらかなことは、株式会社であっても、それは必ずしも株主の利益を最大化する存在ではないということです。じじつ、まさに日本の会社の特徴は、株主のための利潤追求ではなく、会社そのものの存続や成長が目的化してしまったことにあったわけです。その意味で、日本的な会社と、株主そのものが存在しないNPO、とりわけ法人化されたNPOとの間には、見かけほどは大きな断絶があるわけではないのです。いや、すくなくとも法律的には、株主にたいして配当を支払わないことを宣言したNPO型の株式会社が存在したとしても、何の不思議もありません。

いずれにせよ、かならずしも株主のための利益を追求してこなかった日本の会社が、戦後の日本においてたんに存立しえたというだけでなく、すくなくとも八〇年代までは驚異的な成長をなしとげたということは、まさにNPO法人も、必ずしも寄付やボランティアに頼らずに、資本主義のなかの一員として立派に活動できる可能性を示唆しています。いや、実際、日本の会社は、戦後一貫してその資金の多くを、株式市場ではなく、銀行から調達してきました。それと同様に、NPOも法人化されさえすれば、たとえ株主がいなくても、その資金の多くの部分を銀行からの借り入れによってまかなうことができるはずなのです。

もちろん、利潤を目的としないNPO法人には、通常の会社とくらべて、コスト意識が薄くなってしまい、非効率的な経営がおこなわれてしまう危険性が当然あります。（これこそまさに、コーポレート・ガバナンスの問題です）。だが、すくなくとも地道な活動実績を積んできたNPO法人や目的意識のはっきりしたNPO法人であれば、銀行から資金を調達することはけっして不可能ではありません。たしかに、いまは不良債権を大量にかかえた銀行の貸し出し態度は極端に保守的になっています。だが、くりかえしくりかえし述べてきたように、本来、ポスト産業資本主義の時代とはおカネの支配力が弱まり、一定の信用さえあれば、だれでもおカネが借りられる時代であるのです。いや、NPO自体が法人債を発行して、債券市場から直接に資金を調達するようなことも、どんどんおこなわれるようになるでしょう。それは、医療や法務のように儲かるサービスではなくても、NPO法人を独立採算的に経営していくことが可能になっていく可能性を示しているのです。

二一世紀という世紀とは、NPOの活動、とくにNPO法人の活動がますます活発になっていく世紀であるというわけです。

これは、じつは、先祖返りにほかなりません。なぜならば、第二章で述べておいたように、法人の起源は、ローマ時代や中世における都市や僧院や大学といった、まさに現代の言葉でいえばNPOであったのです。法人という仕組みが私的な利益を追求する手段として使われるようになったのは、まさに近代に入ってからのことなのです。歴史はけっして単線的に進むものではありません。

第十章　会社で働くということ

起業家の条件

ポスト産業資本主義の時代とは、産業資本主義の時代にくらべて、個人が企業を容易に起こすことができるようになった時代です。機械制工場を所有していなくとも、なんらかの意味での差異性を作り出すことができれば、利潤を生み出すことができるからです。いや、なんらかの差異性を作り出せなければ、利潤を生み出すことができないといったほうが、正確です。しかも、たとえ機械設備やオフィス・スペースが必要であったとしても、金融革命によって、以前よりもはるかに良い条件でおカネを借りることができるようになっています。

それでは、実際には、いったいどのような人物が、起業家になるのでしょうか？

マスコミでは、起業家というと、ビル・ゲイツや孫正義《そんまさよし》などのことを書き立てます。学生時代に大きなアイデアをいだき、ただちに実行に移して、またたくまに天文学的な富をえた人物たちです。たしかに、彼らはマスコミにとっては格好の材料ですが、例外中の例外でしかありません。

また、第九章で紹介したような、大きなアイデアやタレントと大きなリスクをとれるおカネとを結びつけるシリコン・ヴァレー・モデル的なヴェンチャー企業の立ち上げ方は、日本でもこれから大きく普及していく可能性があります。だが、それを活用できるのは、おもにハイテク技術を身につけた技術者や最新の発見をなしとげた科学者に限られてしまいます。多少の野心と多大の忍耐力をもつだけの大部分のサラリーマンには、無縁の話であるでしょう。

ところが、玄田《げんだ》有史《ゆうじ》氏の研究によると、日本で起業家として成功する確率がもっとも高い人物像とは、三〇代後半から四〇代前半、中小企業で二〇年ほど経験を積み、三〇〇〇万円台の後半から四〇〇〇万円台の前半の自己資金を用意して開業した人間であるというのです。（データは一九九七年四月から八月まで国民生活金融公庫から融資を受けた企業。玄田有史『仕事の中の曖昧な不安――揺れる若年の現在』（中央公論新社、二〇〇一）の第八章にこの研究の要約があります。これは最近の雇用問題にかんするたいへんに優れた書物です。次節以降のいくつかの論点も、この書物に示唆を受けています）。もちろん、これはあくまでも、過去のデータから見た平均像でしかありません。起業家として成功するためには、中小企業出身でなければならないというわけでも、二〇年も仕事の経験がなければならないというわけでも、三〇〇〇万円台後半の自己資金が絶対に必要であるというわけでもありません。とくに、自己資金の大きさに意気阻喪した人も多いかもしれませんが、ポスト産業資本主義においては、これまでよりも少ない自己資金で起業が可能になるはずなのです。

いずれにせよ重要なことは、しばらく企業に勤めて、ある程度の仕事の経験を積み、ある程度の自己資金を貯めておいた元サラリーマンの中年起業家のほうが、華やかな学生ヴェンチャー起業家よりも、成功する確率が高いということなのです。これは、いま雇用に不安を感じている三〇代後半から四〇代前半のサラリーマンに、大いに慰めになる事実であると思います。

これまでわたしは、日本のサラリーマンを、自分が勤めている会社に固有な人的資産を蓄積してきた存在として扱ってきました。だが、それは、日本のサラリーマンが会社に勤めているなかで、より汎用性のある知識や能力を開発していく可能性があることを否定するものではありません。たとえひとつの会社のなかでしか働いたことがなくても、会社が属する産業全体に共通する技術に習熟することができます。会社が関係する市場にかんするさまざまな情報を手にすることができます。仕事の関係や仕事以外の関係でさまざまな人的ネットワークを築くこともできます。そして、そのような技術や情報や人的ネットワークを通して、埋もれたアイデアや市場のニッチ(すき間)や有益なアドバイスなどに行き当たることもあるはずです。

よくビジネス・チャンスはどこにでも転がっているといいます。だが、ビジネス・チャンスをビジネス・チャンスとして認識するためには、それなりの経験や知識が必要です。ましてやビジネス・チャンスをビジネスにしていくには、それにくわえて、さまざまな人的ネットワークの助けが必要となるはずです。

ポスト産業資本主義において会社で働くということ

以上の観察は、二一世紀の日本において会社で働くということがいったいどういう意味をもつのかを考える際に、有益な示唆をあたえてくれるはずです。

二一世紀に入って、会社で働くことの不安が、ひとびとのあいだで拡がっているのです。

その背景には、二〇世紀の最後の一〇年――「失われた一〇年」――において、これまで倒産することなど考えられなかった大会社がいくつも倒産し、これまで高成長をとげてきた大会社が次から次へとリストラを敢行したことがあります。中小会社の倒産やリストラにいたっては、それこそその数を数えるのがためらわれるほどです。その結果、日本の失業率は上昇し、二〇〇一年一二月には、史上最悪の五・六%にまで達し、その後も五%台を推移しています。

これによって、これまで安定的な雇用と右肩上がりの収入が約束されていると考えられていた中高年サラリーマンが、雇用の不安や収入の減少にさらされるようになりました。じじつ、完全失業者のなかでは、四五歳以上の中高年層の比重が増えています。そして、中高年の失業者のなかでは、自分の意思ではなく解雇や会社の倒産によって職を失った、いわゆる非自発的失業者の割合が増えているのです。若いときに会社に固有の熟練やノウハウを蓄積してきたのに、中高年になって賃金を据え置かれたり、クビにされたりしたら、そのためにかけた時間と労力が無駄になってしまいます。若いときに年功賃金制のもとで自分の生産性以下の低い賃金で働いたのに、中高年になっても賃金を据え置かれたり、クビにされたりしたら、若いときの我慢が無駄になってしまいます。現在、多くの中高年サラリーマンが、会社に「使い捨て」にされたという気持ちをいだいているのは、もっともなことなのです。

戦後の日本資本主義を特徴づけてきた終身雇用制と年功賃金制とが、徐々にではあれ、解体しはじめているのです。たしかに、よく言われるように、統計的には、同一企業内の従業員の平均雇用年数は九〇年代に入っても減少傾向を示していません。（三〇代～四〇代は多少減少していますが、五〇代以上の平均雇用年数は上昇しています）。しかしながら、少なくとも現実に会社で働いているサラリーマンやこれから働こうとしている学生の間では、従来のような形では、もはや終身雇用制も年功序列制も続いていかないのではないかという意識が拡がっていることは事実です。そして、まさにそのような意識の拡がりが、ひとびとの就職にたいする態度に影響をあたえ始めています。

終身雇用制も年功序列制も、ともに法律ではなく慣行です。それは、まさにひとびとの予想によって支えられているのです。制度が続くと多くの人が予想しているから実際に制度が続いてきていたのです。その予想が揺るぎだしたということは、それによって支えられた終身雇用制や年功序列制がすこしずつ解体しつつあることを意味しているはずです。そして、このような状況のなかで、サラリーマンの生活よりもフリーターの生活をみずから選びとる若者が増えているのです。(ただ、最近の若者の失業率の上昇は、フリーターの生活を自発的に選んだという供給側の要因よりは、多くの企業が中高年の雇用の維持のために若者を雇う余裕がなくなったという需要側の要因のほうがはるかに強いというのが、先の玄田氏の著書の主張です)。いや、すくなくとも、サラリーマンの生活を選択することにたいして不安をいだく若者が増えているのです。

では、この二一世紀という世紀において、会社で働くということには本当に意味がなくなったのでしょうか?

まず最初に、ポスト産業資本主義の時代においても、会社という制度はなくなることはありません。産業資本主義の時代においては、会社とはおもに機械制工場を設置するのに必要な資金を大量に集めるための手段として活用されていました。それは、まさにおカネの最終的な供給者である株主の支配力を補助する役目をはたしていたのです。たしかに、ポスト産業資本主義の時代になると、おカネの力が相対的に弱まったことの結果として、資金の調達手段としての会社の役割は後退します。だが、その代わりに、専門経営者や科学技術者や熟練労働者などによる組織特殊的な人的資産をまさに株主のホールド・アップから防衛する垣根としての役割が、前面にでてくるはずです。もちろん、ここでいう組織特殊的な人的資産とは、もはや産業資本主義時代のような機械制工場を効率的に運営するための知識や能力ではなく、新製品や新技術などをたえず創り出していくための知識や能力です。すなわち、ポスト産業資本主義時代における会社とは、まさに専門経営者や科学技術者や熟練労働者といった知識志向的な従業員が自由に創意工夫をおこなえる仕事の場の提供者としての役割をはたすようになるはずなのです。そしてそれは、法人としての会社の本来の役割に戻っていくことでもあるのです。

いずれにせよ、サラリーマンとして企業で働くにせよ、自分で企業を起ち上げるにせよ、その企業は、ポスト産業資本主義の時代においてもほぼ確実に会社という形態をとっているはずであるのです。いや、それよりも重要なことは、ポスト産業資本主義の時代においても、自分で新たに会社を起ち上げるとき、会社で働いた経験が大いに役に立つだろうということです。玄田氏の研究が示唆するように、会社で働きながら、関連する能力や知識を身につけ、若干の資金を蓄え、さまざまな人的ネットワークを作り上げておくほうが、成功の確率が高くなるはずです。何が本当の差異性であるかを認識するためには、何が差異性でないかを知る必要があるのです。

実際、日本的な終身雇用制や年功序列制が徐々に解体していくなか、従業員と会社との関係は大きく変わらざるをえなくなっています。かならずしもひとつの会社で一生勤め上げるという予想をもたなくなった従業員は、みずから会社をおこす可能性もふくめて、将来会社を離れなければならなくなったときに備えて、組織特殊的な人的資産よりも汎用的な人的資産を蓄積していきたいと考え始めています。かつては出世コースから外れると敬遠されていた専門性の高い仕事をする部署に配置されることを、逆に望むような従業員も現れるようになっているのです。

すなわち、従業員にとって、いや少なくとも一部の従業員にとって、会社とは、一生の職場ではなく、将来独立するときのための修業の場という意味をもちはじめてきています。その意味で、ポスト産業資本主義における従業員と会社との関係は、資本主義の黎明期における徒弟と親方との関係と類似したものになっていくはずです。

もちろん、会社のほうでも手をこまねいてはいないでしょう。ポスト産業資本主義のなかで会社が利潤を持続的に生み出していくためには、新製品や新技術をたえず生み出していく必要があります。そのためには、すでに述べたように、働きやすい環境を整備したり、ボーナスや年金や退職金や昇進など制度を工夫したりして、会社に役に立つ優秀な従業員を囲い込み、組織特殊的な人的資産に投資してもらわなければならないのです。

それゆえ、二一世紀においても、会社に長らく勤続して、そのなかで昇進していくという従来型のサラリーマンは、決してなくなりません。だが、それに加えて、二一世紀においては、会社でしばらく働いて経験を積み、その後自分で企業をおこしたり、他の会社に入りなおすという選択肢をサラリーマンがもつことになるのです。たしかにこれまでも終身雇用制といっても、多くの従業員は中途で会社を離れていきました。だが、その大部分は会社の都合によるものでした。これにたいして、これからの会社においては、まさに自分の都合で、しかもそれまで会社で働きながら得た知識や能力を生かすために、会社を離れていく従業員が増えていくことになるはずです。

会社の新陳代謝と起業意欲

いま、これからは会社で働きながら得たものを生かすために、みずからの意思で会社を離れていく従業員が増えていくことになると、述べました。この言葉は、じつは、事実を述べたというよりは、わたし自身の希望を述べたといったほうが近いでしょう。なぜならばわたしは、二一世紀において日本経済が健全に発展をとげていくためには、まさに既存の会社から新規の会社へのこのような形の人材の移動が、決定的な役割をはたすと考えているからです。

ポスト産業資本主義の時代とは、差異性の時代です。そこでは、世界のすべての会社は、グローバルな市場のなかで、新たな差異性を創り出す競争をくりひろげています。新製品や新技術を開発したり、新市場や新組織を開拓し続けていかなければ、会社として生き残っていけません。どの会社も、このような差異性を作り続けていく組織全体の能力としてのコア・コンピタンスを確立するために全力をつくさざるをえないのです。

だが、どれだけ先端的な技術を開発し続けた会社でも、どれだけ個性的な製品を作り続けた会社でも、長期的には市場環境や産業構造の変化に対応しきれずに、いつかは没落していくことになるはずです。機械制工場さえ設置できれば長い間安定的に利潤を生み出すことのできた産業資本主義の時代と異なり、差異性そのものが利潤の源泉となるポスト産業資本主義の時代においては、会社の寿命は平均的には短くなっていくはずであるのです。

したがって、一国経済の立場からは、古い会社が市場から撤退していくのに応じて、新しい会社が市場に参入してこなければ、これまでの雇用が維持できません。さらに、参入した新しい会社が十分に利潤を生み出していかなければ、これからの投資資金も生まれません。会社全体の新陳代謝が円滑におこなわれることが、一国経済にとって死活問題となっているのです。

　そして、そのような新会社立ち上げの最大の担い手となるべき人材が、既存の会社で働いてきたサラリーマンであるとわたしは考えているのです。すでに成熟した会社のなかで組織特殊的な人的投資をおこなっていくかたわら、より汎用性のある人的資産も身につけ、さらに起業資金や人的ネットワークを作ってきたサラリーマンです。

　もちろんわたしは、すべてのサラリーマンが新会社をおこせばよいなどと思っているのではありません。優秀な人材であればあるほど、これまで働いてきた会社のほうでも手放したがらないはずです。中年にもなれば、会社の内部でそれなりの昇進をとげているし、若いときよりも生活の安定が重要になってきます。それに、ビジネス・チャンスは、ごく少数の幸運な人にしか訪れません。ただ、それにもかかわらず、多少大袈裟にいえば、サラリーマンのなかから新たに会社をおこしていくひとたちが経常的にあらわれてくることに、ポスト産業資本主義時代における日本経済の命運がかかっているということだけは、ひろく認識されるべきであると思っているのです。

　残念なことに、九〇年代以降、起業家の数は全世界的には大きく増えているのにたいして、この日本では逆に大きく減っています。転職希望者の数も全体として減っています。

それは、日本経済の長期的な停滞によってマクロの有効需要が極端に収縮してしまっているだけでなく、それがもたらしたデフレーションが銀行を中心とした金融機関の不良債権の実質負担をますます重くして、企業に対する貸し渋りを引き起こしていることが大きな理由です。市場が小さくなっている上に、なかなかお金が借りられないということで、あきらかに、潜在的な起業家の起業意欲が大きくそがれているのです。そして、昨今の金融財政政策の混迷、とりわけデフレ対策の遅れは、景気の低迷をさらにひきのばしてしまうかもしれません。だが、たとえそうなったとしても、それはあくまでも短期的で、しかも日本に限定された状況でしかありません。近い将来にはかならずや、この日本経済もポスト産業資本主義という全世界的な趨勢のなかにふたたび入りこんでいくはずです。そして、そのポスト産業資本主義のもとでは、まさに金融革命による金利の低下によって、新たに会社を立ち上げることは産業資本主義の時代よりははるかに容易になっているはずなのです。それに加えて、この日本においては、伝統的に株主主権のイデオロギーが弱いことが、ポスト産業資本主義的な会社の立ち上げにたいして、逆に有利に働く可能性もあるのです。

とはいっても、いつの時代においても、新しい会社作りに成功するのは、生やさしいことではありません。もちろん、いま現在の日本における起業意欲の減退にたいする特効薬は、デフレ対策です。(そして、これにかんしては政府や日銀はことごとく失敗しています)。だが、長期的な見地からは、起業家の起業意欲に直接働きかけるような国家政策の導入が不可欠であることは間違いありません。それには、たとえば、アドバイス機関の設置とか、融資条件の緩和とか、税制上の優遇とか、さらには事業に失敗したときの破産処理方法の明確化とか、再挑戦への支援組織とかいったものがあるでしょう。欧米諸国にくらべて、日本における起業振興のための政策は、これまであまりにも貧弱であったのです。

だが、いくらこのような外的条件が整ったとしても、会社をおこす意思決定をするのは究極的には個々の人間です。「失われた一〇年」の後、日本の経済がポスト産業資本主義時代のなかでこのまま没落していってしまうかどうか——それは、ひとえに日本の社会が、リスクをとって自ら会社をおこす気概をもつ個人を、これからどれだけ輩出していくことができるかに掛かっているのです。

あとがき

「会社はこれからどうなるのか」と題したこの本は、いま会社で働いているサラリーマンやサラリーウーマン、そして近い将来会社で働くことを考えている学生にむけて書かれています。

このような本をわたしが書くことになったきっかけは、二〇〇一年の春、西田裕一氏によって「会社はどこへいくのか?」という題名のインタビューを受けたからです。(このインタビューは、平凡社のPR誌である『月刊百科』の二〇〇一年六月号に掲載されました)。西田氏にはすでに何度もインタビューを受けていますが、いずれもわたしにとってたいへん生産的なものでした。インタビューされることによって、それまで考えてきたいくつかのテーマの間に思いがけないつながりがあることに気がつかされ、次の仕事のおおきな足がかりになったからです。このインタビューも、例外ではありませんでした。わたしは、西田氏が次から次へと繰り出してくる質問に答えていく中で、経済学という学問を職業にしてから三〇年間ずっとテーマにし続けてきた「資本主義」論と、ここ一〇年間経済学から法学へと越境しながら研究をおこなってきた「会社」論とには、これまでわたしが考えてきた以上に深い関連があることを発見したのです。

それだけではありません。わたしは西田氏に、わたしの会社論がたんなる学者向けの理論的考察としてだけでなく、二一世紀の資本主義の中で生きていくサラリーマンやサラリーウーマン、さらにはその予備軍である学生にとっても意味のある内容をもっているということを説得されたのです。その年の夏、週末で冷房がとまってしまった蒸し暑い研究室の中で、先のインタビューの内容を広範な読者に向けてもっと詳しく展開するために、わたしはさらに三回ほど、のべ一四時間にもわたる長いインタビューを受けることになりました。

当初は、この三回のインタビューをもとにして、手短かに本を作り上げるつもりでした。だが、インタビュー原稿の手直しを始めてみると、インタビューでは言い足りなかった事柄が次から次へとでてきます。しかも不幸なことに、わたしはその年の一〇月から勤め先において学部長という職を割り当てられてしまいました。大学は折からの大変革期にあたっています。公務に追われたわたしには、インタビュー原稿を手直しする暇がなかなか見つかりません。さらに不運なことに、一二月にはアメリカでエンロン社が粉飾決算の発覚をきっかけとした大型倒産をし、年が明けてからも有名会社の粉飾決算がつぎつぎと発覚しました。じつは、インタビューの中でわたしは、アメリカ型のコーポレート・ガバナンス（会社統治機構）には本質的な矛盾がふくまれており、かならずや何らかの不祥事が起こるはずだというような予言めいたことを述べていたのです。だが、予言とはまだ起こっていないことを予言することです。すでに起こってしまったことをあとでいくら予言しても、それは無意味です。

やむをえずわたしは、ゆっくりと時間をかけて、インタビュー原稿を全面的に書き直すことを決心しました。その結果が、この本にほかなりません。もちろん、全面的に書き直したといっても、その出自がインタビューであったことの痕跡が、ですます口調であることをはじめとして、この本のいたるところに残っているはずです。じじつ、わたしはインタビューという形式の自由さに誘われて、最初から文字を書き連ねていたならばけっして取り上げなかったであろう話題に、何度も脱線しています。全体の議論の運び方も、ゆっくりとしているはずです。ただし、いくら自由に語った言葉をもとにしているといっても、ビジネス書として売り出される本にありがちの、「独断」的な主張や「これですべてが解決する」的な議論は、絶対に排除するようにしました。いずれにせよ、その出自がインタビューであったということが、かえってこの本を読みやすいものにしたのではないかと、ひそかにわたしは思っているのです。

最初のインタビューから今日まで二年近くの歳月がたってしまいました。その間、編集作業にもたずさわってくれた西田裕一氏のたえざる励ましがなければ、けっしてこの本は完成しなかったはずです。その意味で、この本は西田氏との共同作業の果実なのです。本当にありがとうございました。また、一四時間のインタビューのテープを起こしていただいた脇坂敦史氏にも、感謝の意を表したいと思います。

なお、この本では、煩わしさを避けるために、文献の引用は最小限にとどめてあります。もし文献リストが必要である場合には、この本の基礎となった以下の論文を参考にしていただきたいと思います。もっとも手に入りやすいはずの三番目の論文は、二番目の論文の日本語版にあたります。

"Persons, Things and Corporations: the Corporate Personality Controversy and Comparative Corporate Governance," *American Journal of Comparative Law*, 47 (4), Fall 1999.

"The Nature of the Business Corporation —Its Legal Structure and Economic Functions," *Japanese Economic Review*, 53 (3), Sept. 2002.

「株式会社の本質——その法律的構造と経済的機能」、大塚啓二郎・福田慎一・中山幹夫・本田佑三編『現代経済学の潮流〈２００２〉』（東洋経済新報社、二〇〇二、一〇）、第４章。

二〇〇三年一月二五日

岩井克人

第一五刷に関する付記

二〇〇六年の新会社法に基づいた今回の修正に際しては、東京大学経済学大学院研究科の中尾隆宏氏の協力を得ました。氏に感謝いたします。

二〇〇八年一〇月二六日

岩井克人

平凡社ライブラリー版へのあとがき

この「あとがき」に本来ならば記すべき言葉は、ほぼすべて「平凡社ライブラリー版へのまえがき」に書いてしまいました。ここでは、編集部の注文にしたがって、私の現在の研究課題と、この本との関係について記しておこうと思います。

本書のもととなった単行本は、私にとって大変に大きな意義をもつ本でした。一つには、私がこれまで書いたものの中で、もっとも多くの読者を獲得した本であるからです。だが、それよりもはるかに意義深いのは、この本によって、私自身がそれまで別々の主題として研究してきた「資本主義論」と「会社論」とが有機的に結びつくことになったからです。私の研究の射程が、その結果、大きく広がることになりました。それは、単行本版の「あとがき」にも記しておいたように、本書の編集を担当した平凡社の西田裕一氏の導きによってでした。氏に対する感謝を再びここに記しておきます。

現在、私はいくつかの課題を同時に追究していますが、その中でも、本書からの直接の延長線上に位置しているのは、会社買収についての研究です。その成果の一部は、『M＆A国富論』（東京財団の佐藤孝弘氏との共著、プレジデント社）として二〇〇八年に刊行されました。会社買収を経営者選抜の場と規定し、本書で提示した会社の二階建て構造論を基礎に、良い経営者が選ばれるためのインセンティブを組み込んだ買収ルールを提案しました。私が生まれて初めて行った具体的な政策提言です。

もう一つ、本書からの延長線上に位置する研究は、「信任」に関するものです。これまでのいわゆるコーポレート・ガバナンス論は、会社の経営者を株主の代理人と見なすことから出発しています。だが、それは株主主権論と同様に、企業と会社を混同した法理論上の誤りです。その帰結が、エンロン事件であり、今回のグローバル経済危機のひとつの原因となった、アメリカにおける経営者の過剰報酬であるのです。それに対して、本書で私は、会社の経営者とは、法人としての会社から信任を受けている信任受託者であることを示し、そこから新たなコーポレート・ガバナンス論を展開してみました。ここ四、五年、私は、このような会社とその経営者の関係だけでなく、患者と医者の関係や子供と後見人の関係など、信任関係全般に関する一般理論を構築する試みを続けており、最近ようやく経済学者向けの論文を一つ書くことができました。信任論とは、法学と倫理学との共有地です。私の密やかなもくろみは、この信任論を基礎にした市民社会論を書くことですが、それに関してはまだ暗中模索の状態です。

「平凡社ライブラリー版へのまえがき」でも述べましたが、今回のグローバル経済危機は、会社は株主のモノでしかないという株主主権論に根底的な疑問をつきつけることになりました。じつは、この株主主権論の背後には、株式市場で決定される株価は会社が生み出す経済的な価値を正しく反映しているはずだというファイナンス理論の「効率市場仮説」があり、さらにその背後には、市場の「見えざる手」の働きに全幅の信頼をよせ、世界全体を市場で覆いつくしていけばいくほど、資本主義の効率性も安定性もともに高まっていくはずだという「新古典派経済学」の基本思想があります。一九七〇年代後半から始まったグローバル化とは、この基本思想の「壮大な実験」に他なりません。そして、この壮大な実験は、危機の勃発によって、壮大な失敗に終わったことを宣言されたのです。資本主義とは、私が『不均衡動学』や『貨幣論』において繰り返し論じてきたように、市場化すればするほど効率的になるが不安定化してしまうという意味で、効率性と安定性とが二律背反する運命にあることがはからずも確認されたのです。私は、この『会社はこれからどうなるのか』という本を書くことによって、「資本主義論」と「会社論」とを結びつけることができましたが、この「平凡社ライブラリー版へのあとがき」を書きながら、いつか時間に余裕ができたら、「不均衡動学」や「貨幣論」を組み入れた、さらに大きな構図の「資本主義論」を書いてみたいと夢見始めています。

この平凡社ライブラリー版を通して、より多くのサラリーマン、サラリーウーマン、そして学生が、「会社はこれからどうなるのか」について考えていくきっかけになればと願っています。

二〇〇九年八月一二日

岩井克人

平凡社ライブラリー　677

会社《かいしや》はこれからどうなるのか

発行日…………2009年9月10日　初版第1刷
2021年11月24日　初版第5刷

著者……………岩井克人
発行者…………下中美都
発行所…………株式会社平凡社
〒101-0051 東京都千代田区神田神保町3-29
電話 東京(03) 3230-6582［編集］
東京(03) 3230-6573［営業］
振替 00180-0-29639

LaTeXスタイル作成…株式会社リーブルテック
印刷・製本……株式会社リーブルテック
装幀……………中垣信夫

ISBN978-4-582-76677-6
NDC 分類番号 330
B6変型判(16.0cm)　総ページ 376

平凡社ホームページ https://www.heibonsha.co.jp/